La bibliothèque Gallimard

Arto Paasilinna

Le lièvre de Vatanen

Lecture accompagnée par
Dominique Landais
agrégé de lettres modernes
professeur au lycée Livet de Nantes

Roman traduit du finnois par
Anne Colin du Terrail

La bibliothèque Gallimard

Florilège

« Et les jours passaient ainsi au bord du lac, sans que personne éprouve le besoin de s'en aller ailleurs. »

« Vatanen se dit que la vie était pleine de surprises : il y a un mois encore, il était assis, morose, au bistrot du coin avec un verre de bière tiède à la main et, maintenant, il était dans ce désert brûlant, enveloppé de fumée, le sac plein de poissons humides, la sueur aux fesses. »

« La vie est parfois bien dure, quand on aime les bêtes, marmotta Vatanen en recevant en pleine figure la branche de sapin d'un bosquet. »

« S'il est difficile d'apprendre à un vieux chien à faire le beau, apprendre à nager à un vieux bûcheron lapon est une véritable gageure. »

« Il avait son propre monde, ici ; il pouvait y vivre en paix. Le lièvre sautillait silencieusement sur la piste, précédant le skieur comme un guide. Vatanen chanta pour lui. »

« L'ours renifla le lièvre et prit la femme dans ses bras, de sorte qu'il y avait là trois créatures sur les genoux les unes des autres. »

« Le lièvre était complètement éreinté mais il ne se plaignait pas, d'ailleurs il ne se plaignait jamais de son sort. »

« Vatanen demanda par l'entremise de son avocat que le lièvre soit jugé comme complice de tous les délits dont on l'accusait. »

Ouvertures

La littérature scandinave

Depuis plusieurs années déjà, la littérature scandinave rencontre un engouement très net du public français. Mais parmi ces écrivains du nord de l'Europe, les Finlandais s'imposent plus difficilement que les Norvégiens, les Danois ou les Suédois, mieux connus. L'histoire littéraire de la Finlande reste en effet liée à une histoire nationale beaucoup plus récente, puisque ce pays n'existe en tant qu'État indépendant que depuis 1917, après avoir connu une relative autonomie sous la tutelle russe à partir de 1808. Les écrivains finlandais sont donc moins nombreux que dans le reste de la Scandinavie. Il est toutefois significatif que l'unité nationale ait été consacrée, dès 1835, par la parution d'une œuvre littéraire, *Le Kalevala*. Rédigée par Elias Lönnrot (1802-1884) à partir d'une tradition poétique orale recueillie auprès de bardes, cette épopée plonge dans un lointain passé mythique et permet aux Finlandais de renforcer le sentiment de leur identité culturelle. Parallèlement à cette veine poétique, certains auteurs attentifs à l'évolution littéraire dans le reste de l'Europe jettent les bases du roman réaliste : sensible dès le xixe siècle, avec Aleksis Kivi (1834-1872) notamment, l'auteur des *Sept Frères*, cette tendance perdure jusqu'à aujourd'hui. Elle passe par Sillanpää, prix Nobel de littérature en 1939, et se poursuit encore maintenant grâce à Arto Paasilinna. Ce réalisme s'attache la plupart du temps à décrire la vie rurale, évoque souvent la condition féminine – l'œuvre d'Hella Wuolijoki (1886-1954) en est un bel exemple – ou la complexité psychologique des sentiments. De très nombreux romans se sont également fait l'écho des traumatismes liés à la guerre, chez Mika Waltari, Väinö Linna ou encore Veijo Meri.

De la cognée au stylo : un parcours étonnant

Naissance d'un phénomène littéraire

Arto Paasilinna est né à Kittilä, dans le nord de la Finlande, en 1942. Sa famille s'est installée cette même année à Tervola. On lui a attribué une terre, au terme d'une errance provoquée par la guerre et passant de la Finlande à la Norvège, puis en Suède, avant de revenir en Finlande. Les premières années sont marquées par de rudes conditions de vie. À treize ans, il quitte l'école pour travailler, au contact direct de la nature, comme bûcheron et ouvrier agricole. À l'âge de vingt ans, il sort de la forêt et des rivières où il est flotteur de bois, pour reprendre ses études, puis entrer comme stagiaire au quotidien régional *Lapin Kansa*. Il collabore bientôt à plusieurs journaux et revues littéraires, puis à la radio et la télévision. Quand il publie *Le Lièvre de Vatanen*, en 1975, Paasilinna a trente-trois ans ; il sait que l'exercice du journalisme, qu'il pratique depuis une dizaine d'années, ne satisfait pas complètement son besoin d'écrire. Il déclarera rétrospectivement :

« J'ai écrit des milliers d'articles sérieux, c'est un bon entraînement pour écrire des choses plus sérieuses. »

Or le roman est d'emblée un gros succès en Finlande et permet à son auteur de vivre enfin de sa plume. Il est adapté au cinéma deux ans plus tard par Risto Jarva, sous le titre *L'Année du lièvre*. Les œuvres suivantes confirment ce succès et installent Paasilinna au Panthéon des auteurs populaires finlandais : il peut se réjouir aujourd'hui d'avoir vendu quatre millions de volumes dans un pays qui compte cinq millions d'habitants. Un véritable phénomène littéraire national. Mais l'histoire ne s'arrête pas là. Ses romans sont désormais traduits en trente-six langues et ont conquis toute l'Europe, chaque pays adoptant son livre-culte : *Le Meunier hurlant* en Allemagne par exemple, *Le Lièvre de Vatanen* en France.

Arto Paasilinna.

Une inspiration autobiographique ?

De nombreux éléments de la biographie de l'auteur trouvent des échos dans *Le Lièvre de Vatanen*, sans que l'on puisse pour autant parler d'œuvre autobiographique (ne serait-ce que parce que le roman est écrit à la troisième personne). Vatanen est en effet journaliste comme Paasilinna ; lui aussi est né en 1942, curieuse coïncidence. Mais c'est surtout dans la connaissance des travaux forestiers que l'on retrouve la patte de l'ancien bûcheron : les arbres, les cours d'eau, le marais, la cabane à reconstruire, la présence d'animaux sauvages... beaucoup d'éléments du décor ou de l'action du *Lièvre de Vatanen* témoignent d'une connaissance solide et d'un amour intact de la nature, puisés directement dans l'existence de l'auteur. Les liens entre le personnage et son créateur s'établissent donc, parfois de manière ostensible, parfois de façon beaucoup plus subtile, comme dans le cas de ce reporter venant interviewer Kurko et Vatanen au chapitre 12, pour le compte du journal *Lapin Kansa*, auquel Paasilinna a longtemps collaboré.

L'univers paasilinnien : des thèmes récurrents

De nombreux thèmes présents dans *Le Lièvre de Vatanen* figurent déjà dans *Prisonniers du paradis*, publié en 1974, et resurgiront dans les romans suivants, qui ont en effet tant de points communs qu'on a souvent l'impression que toute l'œuvre de Paasilinna est construite autour de variations sur des motifs récurrents.

Poil à gratter

Tout le monde y passe ! – En fin observateur, Paasilinna a su transcrire les travers de ses concitoyens, dont il livre des portraits vitriolés à travers ses personnages. Les Finlandais, en effet, ne sont guère épargnés : militaires déconfits, délinquants alcooliques et brutaux, entrepreneurs ruinés, gangsters en cavale se succèdent dans un carnaval grotesque. Mais le pire est peut-être que ces personnages restent souvent bien plus sympathiques au lecteur que les anonymes qui peuplent également les romans et sont impitoyablement décrits comme cruels ou stupides, étriqués dans de petites vies que la moindre fantaisie perturbe. Le couple Laurila du chapitre 5 du *Lièvre de Vatanen* est à ce propos très représentatif.

Il y aurait bien là de quoi s'offusquer, si la société finlandaise n'avait aussi de quoi rire d'elle-même. L'auteur, en effet, a tout le talent d'un humoriste qui ne dédaigne ni le gag ni la loufoquerie, et mêle l'ironie et la farce, la satire et l'absurde, toutes les ressources comiques. Et rien n'est plus divertissant, rien n'est plus édifiant que de pouvoir rire ainsi de soi, de reconnaître sous la caricature le détail vrai, le quotidien montré avec réalisme. Paasilinna tient, pour cela, de la plus pure tradition des moralistes.

Une dimension européenne – Le peuple finlandais n'est en effet pas si différent des autres pour qu'on ne puisse attribuer aux personnages paasilinniens une dimension universelle, du moins occidentale. Ils étaient déjà un peu dépeints chez Voltaire ; ils vivent toujours autour de nous. L'observation presque ethnographique à laquelle se livre

Paasilinna sur les Finlandais débouche donc bien souvent sur une réflexion à l'échelle humaine. Dans le reste de l'Europe, Paasilinna rappelle d'ailleurs bon nombre d'écrivains et trouve une famille auprès de nos Marcel Aymé, Jerome K. Jerome, Jaroslav Hašek, auxquels il est fréquemment comparé pour son humour, sa critique sociale et son indépendance d'esprit. La critique a beau être très sévère, elle n'exclut pas l'espoir d'une amélioration des comportements individuels ou collectifs, même si parfois, comme dans *La Douce Empoisonneuse*, certains individus ne méritent pas mieux que l'élimination pure et simple. Encore ces meurtres sont-ils traités avec humour et la plupart du temps tournés en farces. Paasilinna continue donc une tradition bien établie, qu'il renouvelle à sa manière. Et on rit d'Helsinki à Lisbonne ou de Prague à Paris. L'ancien bûcheron devenu journaliste est aujourd'hui un écrivain représentatif des sociétés postmodernes, un auteur international.

Des romans écologistes
Nature, quand tu nous tiens ! – Dans *Petits Suicides entre amis*, Paasilinna vante les vertus de la nature :

« Les Finlandais ne se sentent jamais plus en sécurité qu'au cœur d'une ténébreuse forêt. »

La nature occupe en effet une place prépondérante dans l'œuvre de l'écrivain, qui oppose son authenticité à l'aliénation qu'entraîne la vie urbaine. Vatanen s'y ressource, y redécouvre des valeurs essentielles, tout comme les naufragés de *Prisonniers du paradis* ou les personnages de *La Forêt des renards pendus*. Paasilinna est ainsi souvent présenté comme un des premiers auteurs écologistes. Le sentiment de la nature haussé au rang d'objet littéraire n'est certes pas une nouveauté; il n'est que de lire les romantiques pour s'en convaincre : le voyage de François René de Chateaubriand (1768-1848) en Amérique a donné lieu à de très belles évocations de la forêt, dans *Atala* par exemple. Plus près de nous, *L'Appel de la forêt* de Jack London (1876-1916), qui date de 1903, oppose les acquis de l'éducation et de la culture aux sentiments innés de la vie sauvage. Mais dans toutes ces œuvres, la nature n'est jamais perçue indépendamment des hommes : en elle s'expriment leurs sentiments ; elle répond à leur manière d'être au monde et n'est perçue que relativement à eux. Même le chien Buck de *L'Appel de la forêt* réfléchit comme un homme, il est doué d'un discours intérieur, d'une psychologie humaine. On ne peut guère parler alors de littérature écologiste. Nous sommes en effet loin de l'approche de la nature conçue comme ensemble d'écosystèmes régis par des lois biologiques, physiques ou météorologiques, sur lesquels les hommes n'ont qu'une influence extérieure, réduite à des capacités de nuisance ou de préservation. Cette approche est en effet assez récente dans les consciences européennes.

Il faut en fait attendre 1942 et le lancement du projet Manhattan, qui aboutit aux explosions nucléaires d'Hiroshima et Nagasaki en 1945, pour que s'élabore « l'écologie consciente d'elle-même ». Les hommes savent désormais qu'ils peuvent détruire la Terre et qu'ils doivent donc l'envisager comme une réalité à part entière dont ils sont responsables s'ils veulent survivre eux-mêmes. Ce sentiment nouveau a donné lieu à une tout autre littérature, dont Paasilinna est un des meilleurs représentants. Son expérience personnelle de la vie des bois est sans doute pour beaucoup dans l'émergence de ce sentiment écologiste, mais il ne faut pas oublier que son pays, la Finlande, compte parmi les pionniers de la cause verte : on recense des milliers de lacs et plus d'arbres que d'habitants ; la nature y est perçue comme le principal patrimoine, le fondement même de l'identité nationale. La création de l'Association finlandaise pour la protection de l'environnement date de 1938, soit plusieurs décennies avant l'émergence du mouvement écologiste dans le reste de l'Europe !

La loi de la forêt – Vatanen est un citadin qui s'offre une échappée belle dans la forêt et sur les étendues glacées du cercle polaire. Un bref retour en ville vers la fin du roman lui vaut surtout des ennuis qui le convainquent de retourner au fond des bois (p. 203) :

> **Je pars dans le Nord à la cabane des Gorges-Pantelantes. Le Sud ne me vaut rien.**

Mais il serait simpliste de réduire la nature à un paradis brandi contre l'enfer des villes. Le bestiaire du *Lièvre de Vatanen* est à ce propos très significatif. On y croise une vache, un corbeau, un ours, qui sont autant de rencontres avec ce que la nature peut avoir de brutal, d'inhospitalier, qu'il faille sauver ses créatures ou s'en protéger… Le lièvre résume à lui seul l'ambiguïté des rapports entre le monde sauvage et la civilisation dans la mesure où, tout en devenant l'animal familier du personnage principal, son statut de bête sauvage ne cesse de constituer un véritable casse-tête pour les fonctionnaires du roman (chapitre 6); il faut même l'intervention du président de la République (chapitre 24) pour que Vatanen obtienne le droit de le garder dans sa cellule! Le monde sauvage a ses lois, celui des hommes les siennes. Les hommes peuvent alors choisir d'ignorer la nature (absence de sentiment écologiste, méconnaissance totale des phénomènes naturels – c'est ce qui caractérise les « touristes » invités par le ministère des Affaires étrangères des chapitres 15 à 18 et qu'on évacue de la forêt, presque nus, par hélicoptère) ou au contraire tenter de la comprendre et de s'y faire une place, dans le respect de ses exigences, de sa réalité. Le roman insiste sur cette dimension pragmatique qui conjugue le respect de l'environnement avec la possibilité de la survie dans un monde qu'on ne peut réduire à la civilisation urbaine sans risquer de dénaturer l'homme lui-même.

La fuite

« La fuite est devenue une constante dans mes récits, mais il y a quelque chose de positif dans la fuite, si avant il y a eu combat. »

Paasilinna.

Les personnages paasilinniens se réfugient souvent dans la nature à la suite d'une rupture avec leur quotidien. Ils larguent les amarres en obéissant à une impulsion, un déclic intérieur, qui les poussent vers l'errance. Ils s'enfuient. Vatanen est de ceux-là, bien sûr, qui largue femme et travail dès l'ouverture du roman, de même que les désespérés de *Petits Suicides entre amis* ou l'arpenteur de *La Cavale du géomètre*. L'intrigue se confond alors avec l'itinéraire : chacune des péripéties correspond à une étape. C'est parfois la rencontre d'un homme ou d'un animal en un lieu précis qui donne sa matière au chapitre ; ou bien c'est un trajet particulièrement mouvementé : quasi-naufrage dans les marais ou traque à l'ours à la fin du récit. Les romans de Paasilinna s'apparentent donc au road movie cinématographique. Même en tenant compte de la différence de registre, on peut par exemple rapprocher *Le Lièvre de Vatanen* d'*Easy rider*, le film de Dennis Hopper. La route et les rencontres qu'on y fait structurent les deux œuvres de la même façon. La fuite est ainsi un des ressorts les plus évidents de l'action. Elle marque une disponibilité regagnée envers le monde, ses paysages, ses habitants, ses surprises. La liberté de mouvement, traduite par les innombrables pérégrinations, permet de reconquérir une liberté intérieure. Le Nord exerce alors une fascination irrésistible ; il attire les personnages paasilinniens comme l'aiguille de la boussole. Certes, la famille de l'auteur en est originaire, mais il faut probablement ajouter à cela une dimension symbolique : le Nord est la direction qui éloigne le plus d'Helsinki, située au sud du pays, et marque surtout la fin de la civilisation occidentale, le « parapet » de la vieille Europe. Le thème est repris et amplifié dans *Petits Suicides entre amis*, dont les personnages décident tout d'abord d'aller se jeter dans la mer au cap Nord, avant de rebrousser chemin et de traverser toute l'Europe vers les falaises du cap Saint-Vincent, extrême pointe occidentale, au Portugal : d'un bord à l'autre du monde occidental.

Avis de lecteurs

« Sous les atours plaisants (et souvent hilarants) d'un carnet de route saugrenu où s'accumulent non-sens et événements peu banals, l'étrange littérature d'Arto Paasilinna révèle un insaisissable malaise, où se mêlent la fascination de la destruction et l'étonnement toujours renouvelé devant l'imprévisibilité de la comédie humaine. **»**

Bernard Quiriny, *Chronic'art*.

« Les personnages de Paasilinna sont des fous sages, un type d'homme de moins en moins visible dans les grandes métropoles. La sincérité, le naturel, l'authentique mènent leurs actions. »

Tarmo Kunnas, *Info.Finlande*.

« Arto Paasilinna écrit souple, léger, libre, vif, sage et drôle à la fois. L'aventure devient légende. Un petit chef-d'œuvre. »

Reine Bud-Printems, *Le Figaro Magazine*, 1er juillet 1989.

« Roman écolo, mais écolo rigolo… Roman d'aventures écrit comme un polar, mais dont la rigueur ne peut cacher la tendresse, récit d'une longue flemme sur un rythme haletant… *Le Lièvre de Vatanen* nous offre le type rare de la réussite absolue, tant dans la forme que dans le fond. »

Jean-Philippe Mestre, *Le Progrès*, *Les Dépêches Dimanche*, 25 juin 1989.

« Cynique et pince-sans-rire, parfois proche de l'absurde… *Le Lièvre de Vatanen* prend des allures de conte satirique et philosophique, drôle, enlevé, enjoué… »

Florence Noiville, *Le Monde*, 28 juillet 1989.

« Un livre poétique. Un ton d'une fraîcheur rare. Une écriture merveilleuse. »

Thérèse de Saint Phalle, *Point de vue*, 25 octobre 1989.

« L'un des multiples talents de l'écrivain finlandais Arto Paasilinna est de maîtriser avec finesse les situations les plus rocambolesques et d'y trouver matière à réflexion profonde. »

Alexie Lorca, *Lire*, octobre 1998.

« Paasilinna ne se refuse rien, il pousse à l'extrême ses caricatures, presque toujours sympathiques. Il s'en prend, on l'a vu, à l'armée, mais aussi au clergé, à la violence des villes, à la vanité de la civilisation occidentale, à la folie, à la mort. […] Son écriture directe, sa façon d'énoncer les incongruités comme des évidences, la connaissance intime de

Histoire et culture au temps d'Arto Paasilinna

	Histoire	Culture	Vie et œuvre de Paasilinna
1938	Création de l'Association finlandaise pour la protection de l'environnement.		
1939	Début de la « guerre d'hiver » (contre l'URSS).	Sillanpää obtient le prix Nobel de littérature.	
1941	« Guerre de continuation » (contre l'URSS, aux côtés de l'Allemagne).		
1942	Début du projet Manhattan aux États-Unis (bombe atomique).		Naissance à Kittilä, en Laponie finlandaise, sur la route de l'exode. La famille se fixe à Tervola en Ostrobotnie.
1943		Marcel Aymé, *Le Passe-Muraille*.	
1945	Bataille de Laponie contre les troupes nazies.	Mika Waltari, *Sinouhé l'Égyptien*.	
1952	J.O. d'Helsinki.		
1954		Väinö Linna, *Soldats inconnus*.	
1955			Quitte l'école et commence à travailler : il exerce divers métiers, dont ceux de bûcheron et d'ouvrier agricole. Il s'intéresse aussi aux arts graphiques et à la poésie.
1956	Kekkonen est élu président.	Edvin Laine adapte *Soldats inconnus* au cinéma.	
1957		Mort du compositeur finlandais Jean Sibelius.	*Le Shérif de Denver*, roman écrit à quinze ans, jamais publié.
1961		Veijo Meri, *L'Été du déserteur*.	
1962			Retourne à ses études à l'École supérieure d'éducation populaire de Laponie.
1963			Entre comme stagiaire au quotidien régional *Lapin Kansa (Le Peuple lapon)* et commence à collaborer à divers journaux et revues littéraires.
1964			*Le Tombeur d'ours d'Ikä-Alpi*, recueil d'entretiens.
1969		Dennis Hopper, *Easy rider*.	
1974			*Prisonniers du Paradis.*
1975			***Le lièvre de Vatanen.*** Est alors journaliste à la radio et à la télévision.

1976		Mort de l'architecte finlandais Alvar Aalto.	
1977		L'Année du lièvre, adaptation cinématographique du Lièvre de Vatanen, par Risto Jarva.	
1978	Naufrage de l'Amoco Cadiz.		
1979			Natalia, mise en scène de Matti Kassila.
1981	Fin du dernier mandat de Kekkonen, au pouvoir depuis vingt-cinq ans.		Le Meunier hurlant.
1983	Création du ministère finlandais de l'Environnement.	Crime et châtiment, premier film des frères Kaurismäki.	La Forêt des renards pendus.
1984			Le Fils du dieu de l'Orage. Un guide du sauna pour un homme d'affaires.
1985		Commémoration du 150e anniversaire de la parution du Kalevala, épopée nationale finlandaise.	
1986	Catastrophe nucléaire de Tchernobyl.		
1988			La Douce Empoisonneuse.
1990			Petits Suicides entre amis.
1994			La Cavale du géomètre.
1995	La Finlande adhère à l'Union européenne.		
2003			La ville de Tervola érige une statue dédiée à la famille Paasilinna.

son pays et la minutie de ses repérages rendent ses livres accessibles à tous, tant aux amateurs d'une littérature de distraction qu'aux explorateurs des limites de l'âme humaine, ce sont parfois les mêmes. »

Jean-Baptiste Harang, *Libération*, 18 septembre 2003.

Le lièvre de Vatanen

Le lièvre

Deux hommes accablés roulaient en voiture. Le soleil couchant agaçait leurs yeux à travers le pare-brise poussiéreux. C'était l'été de la Saint-Jean. Sur la petite route de sable, le paysage finlandais défilait sous leur regard las ; aucun d'eux ne prêtait la moindre attention à la beauté du soir.

C'étaient un journaliste et un photographe en service commandé, deux êtres cyniques, malheureux. Ils approchaient de la quarantaine et les espoirs qu'ils avaient nourris dans leur jeunesse étaient loin, très loin de s'être réalisés. Ils étaient mariés, trompés, déçus, et avaient chacun un début d'ulcère à l'estomac et bien d'autres soucis quotidiens.

Ils venaient de se quereller pour savoir s'ils devaient rentrer à Helsinki ou s'il valait mieux passer la nuit à Heinola. Depuis, ils ne se parlaient plus.

Ils traversaient en crabe la splendeur du soir, la tête rentrée, butés, l'esprit tendu, sans même s'apercevoir de tout ce que leur course avait de misérable. Ils voyageaient blasés, fatigués.

Sur une petite colline exposée au soleil, un jeune lièvre s'essayait à bondir ; dans l'ivresse de l'été il s'arrêta au milieu de la route, debout sur ses pattes de derrière ; le soleil rouge encadrait le levraut comme un tableau.

Le photographe au volant de la voiture vit le petit animal sur la route mais son cerveau engourdi était incapable de réagir assez vite, il ne put l'éviter. Un soulier poussiéreux écrasa lourdement le frein, mais trop tard. L'animal terrifié sauta en l'air devant le capot, on entendit un choc sourd quand il cogna le coin du pare-brise avant de valdinguer dans les bois.

« Hé ! On a écrasé un lièvre ! dit le journaliste.

— Putain de bestiole, encore heureux qu'elle n'ait pas cassé le pare-brise. »

Le photographe arrêta la voiture et recula jusqu'au lieu de l'incident. Le journaliste descendit.

« Tu le vois ? » demanda le photographe à contrecœur. Il avait baissé la vitre, mais sans couper le contact.

« Quoi ? » cria le journaliste de la forêt.

Le photographe alluma une cigarette, la téta, paupières closes. Il ne revint à la réalité qu'en sentant la cigarette lui brûler le bout des ongles.

« Viens donc, je n'ai pas de temps à perdre avec cet idiot de lapin. »

Le journaliste marchait distraitement dans le bois clair-semé ; il atteignit la lisière d'un petit carré de prairie, sauta le fossé et scruta la pelouse vert foncé. Dans les herbes, il aperçut le levraut.

Sa patte arrière était cassée. Elle pendouillait tristement au-dessous du genou et l'animal était si mal en point qu'il n'essaya pas de fuir en voyant l'homme approcher.

Le journaliste prit dans ses bras le levraut terrorisé. Il cassa un bout de branche et le fixa en attelle à la patte avec son mouchoir déchiré en lanières. Le lièvre se protégeait la tête entre ses petites pattes de devant, ses oreilles tremblaient tant son cœur battait fort.

Au loin sur la route on entendit le vrombissement nerveux d'un moteur, deux coups de klaxon hargneux et un appel :

«Reviens! On n'arrivera jamais à Helsinki si tu restes à cavaler dans cette foutue forêt! Tu te débrouilleras pour rentrer seul si tu n'arrives pas tout de suite!»

Le journaliste ne répondit pas. Il tenait le petit animal dans ses bras. Apparemment, la bête n'était blessée qu'à la patte. Elle se calmait peu à peu.

Le photographe sortit de la voiture. Il scruta la forêt d'un regard furieux, aucun signe de son collègue. Le photographe jura, alluma une cigarette et fit impatiemment quelques pas sur la route. Toujours aucune réaction dans la forêt. L'homme écrasa son mégot sur la route et cria :

«Reste donc, imbécile, et bon vent, merde!»

Le photographe écouta encore un instant, mais ne recevant pas de réponse, il s'installa rageusement derrière le volant, donna les gaz, enclencha brutalement une vitesse et démarra. Le sable de la route crissa sous les pneus. Un instant plus tard, la voiture avait disparu.

Le journaliste était assis au bord du fossé, le lièvre sur les genoux; on aurait dit une vieille femme perdue dans ses pensées, son tricot devant elle. Les bruits de la voiture s'éteignirent. Le soleil se couchait.

Le journaliste posa le lièvre sur le gazon; il craignit un instant de voir l'animal détaler aussitôt, mais le lièvre resta blotti dans les herbes et quand l'homme le reprit dans ses bras, il n'avait plus du tout peur.

«Nous voilà bien», dit l'homme au lièvre.

Il en était arrivé là : seul dans la forêt, en veston, par un soir d'été, tout simplement laissé pour compte.

Que faisait-on d'habitude dans ce genre de situation ? L'homme songea qu'il aurait peut-être dû répondre aux appels du photographe. Maintenant, il devrait sans doute marcher jusqu'à la route, attendre la voiture suivante et faire du stop, gagner Heinola ou Helsinki par ses propres moyens.

L'idée était franchement déplaisante.

Le journaliste ouvrit son portefeuille. Il contenait quelques billets de cent, une carte de presse, une carte de Sécurité sociale, une photo de sa femme, un peu de monnaie, deux préservatifs, un trousseau de clés, un vieil insigne du 1er Mai. Et encore des crayons, un bloc, une bague. Sur le bloc, son employeur avait fait imprimer : Kaarlo Vatanen, rédacteur. D'après son numéro de Sécurité sociale, Kaarlo Vatanen était né en 1942.

Vatanen se leva, contempla les derniers feux du soleil au-delà de la forêt et hocha la tête en direction du lièvre. Il regarda vers la route, mais ne fit pas un pas pour s'y diriger. Il souleva le lièvre, l'installa soigneusement dans la poche de son veston et s'éloigna le long de la prairie vers le crépuscule naissant de la forêt.

Le photographe courroucé gagna Heinola. Là, il fit le plein d'essence puis décida d'aller à l'hôtel où le journaliste avait proposé de passer la nuit.

Le photographe prit une chambre à deux lits, se débarrassa de ses vêtements poussiéreux et passa sous la douche. Après s'être lavé, il descendit au restaurant de l'hôtel. Il se disait que le journaliste ne tarderait sans doute pas à faire son apparition. On pourrait alors régler cette affaire. Le photographe but quelques bières, dîna et se remit à boire des mixtures plus fortement alcoolisées.

Mais le journaliste ne se montra pas.

Tard dans la nuit, le photographe était encore assis au bar de l'hôtel. Il fixait la surface noire du comptoir et ruminait rageusement la situation. Toute la soirée, il avait réfléchi. Il s'était rendu compte qu'en abandonnant son compagnon au milieu de la forêt, dans une contrée pratiquement inhabitée, il avait commis une erreur. Peut-être le journaliste s'était-il cassé la jambe dans les bois, peut-être s'était-il perdu ou enlisé dans un trou d'eau. Sinon, il aurait certainement rejoint Heinola par ses propres moyens, à pied s'il le fallait.

Le photographe se décida à téléphoner à Helsinki à la femme du journaliste.

La femme répondit, ensommeillée, qu'elle n'avait pas vu Vatanen et quand elle s'aperçut que son correspondant était ivre, elle raccrocha. Quand le photographe essaya de rappeler, le numéro ne répondit pas. La femme avait à l'évidence débranché son poste.

Peu avant l'aube, le photographe appela un taxi. Il avait décidé d'aller sur les lieux de l'abandon pour voir si après tout le journaliste s'y trouvait encore. Le chauffeur de taxi demanda à son client éméché où il voulait aller.

«Nulle part, en fait, roulez donc tout droit; je vous dirai où vous arrêter.»

Le chauffeur de taxi jeta un coup d'œil derrière lui. On s'éloignait de la ville, de nuit, dans la forêt, et on n'allait nulle part. Le chauffeur sortit discrètement son revolver de la boîte à gants et le plaça entre ses jambes sur le siège avant. Il examinait nerveusement son client.

Au sommet d'une colline, le client ordonna :

«Stop, ici.»

Le chauffeur agrippa son arme. L'ivrogne descendit cependant tranquillement de voiture et se mit à crier dans les bois :

« Vatanen, Vatanen ! »

La forêt obscure ne lui envoya pas même un écho.

« Vatanen, écoute, Vatanen ! »

L'homme enleva ses chaussures, releva son pantalon jusqu'aux genoux et partit pieds nus dans la forêt. Il disparut bientôt dans la nuit. On l'entendit dans les bois appeler Vatanen.

Drôle de type, songea le chauffeur de taxi.

Après une demi-heure de raffut dans l'obscurité de la forêt, son client revint sur la route. Il demanda un chiffon et essuya la boue de ses pieds, puis enfila ses chaussures sur ses pieds nus ; ses chaussettes dépassaient de la poche de sa veste. On repartit vers Heinola.

« Vous avez perdu un dénommé Vatanen ?

— Exactement. Je l'ai laissé sur cette colline dans la soirée. Il n'y est plus.

— Non. Je ne l'ai pas vu non plus », compatit le chauffeur.

Le photographe se réveilla à l'hôtel le lendemain vers onze heures. Une sévère gueule de bois lui taraudait le crâne ; il avait envie de vomir. Il se rappela la disparition du journaliste. Il devait immédiatement téléphoner à la femme de Vatanen à son travail. Le photographe raconta :

« Il est parti sur cette colline à la recherche d'un lièvre et il n'est pas revenu. Je l'ai bien appelé, mais il n'a même pas répondu et je l'ai laissé là-bas. Il voulait sans doute y rester. »

Et la femme :

« Il était ivre ?

— Non.

— Et où est-il alors, un homme n'a pas le droit de disparaître comme ça.

— Il a pourtant disparu. Il n'est pas là-bas, par hasard ?

– Non. Mon Dieu, il me rend folle. Il n'a qu'à se débrouiller tout seul. Le principal, c'est qu'il rentre à la maison, dis-le-lui.

– Comment pourrais-je lui dire quoi que ce soit puisque je ne sais pas où il est.

– Cherche-le, alors, et dis-lui de me téléphoner ici. Et dis-lui que c'est bien la dernière fois qu'il fait la bringue. Écoute, j'ai un client, dis-lui de m'appeler, salut.»

Le photographe appela son bureau.

«Voilà… encore une chose, Vatanen a disparu.

– Et où est-il passé?» demanda le secrétaire de rédaction. Le photographe lui raconta l'histoire.

«Il va sûrement finir par réapparaître. Votre papier n'est pas si important, on peut le laisser tomber; on le mettra dans le journal quand Vatanen sera là.»

Le photographe suggéra que Vatanen avait peut-être eu un accident. De Helsinki, on le rassura:

«Reviens donc. Que veux-tu qu'il lui soit arrivé, et puis c'est son affaire.

– Et si je prévenais la police?

– Que sa femme le fasse si elle veut; elle est au courant?

– Oui, mais ça lui est égal.

– Eh bien, cette histoire ne nous regarde pas non plus vraiment.»

Bilan

Tôt le matin, Vatanen fut réveillé par le chant des oiseaux dans la bonne odeur de foin d'une grange. Le lièvre reposait au creux de son bras ; il semblait suivre le vol des hirondelles qui se glissaient sous le faîte – elles construisaient sans doute encore leur nid, ou peut-être avaient-elles déjà des petits, vu l'ardeur qu'elles mettaient à entrer et sortir de la grange.

Le soleil brillait à travers les rondins disjoints, l'herbe de l'année passée était tiède. Vatanen resta près d'une heure allongé dans le foin, songeur, avant de se secouer et de sortir, le lièvre dans les bras.

Derrière l'ancien pré en fleurs murmurait un petit ruisseau. Vatanen posa le lièvre sur la rive, se déshabilla et se baigna dans l'eau fraîche. De petits poissons remontaient le courant en banc serré ; ils s'effrayaient du moindre mouvement, mais oubliaient aussitôt leur peur.

Vatanen pensa à sa femme, à Helsinki. Il se sentit mal.

Vatanen n'aimait pas sa femme. Elle était, en un sens, méchante ; elle avait été méchante, égoïste plutôt, tout le temps de leur mariage. Sa femme avait l'habitude d'acheter d'horribles vêtements, laids et peu pratiques, et de ne les porter que peu de temps, car à la longue ils ne lui plaisaient pas non plus. Sa femme aurait bien aussi échangé Vatanen si elle avait pu le faire aussi facilement qu'elle changeait de vêtements.

Au début de leur mariage, sa femme s'était délibérément attelée à leur constituer un foyer commun, un nid. Leur appartement était devenu un assemblage bizarre de trucs d'ameublement de magazines féminins, superficiel et sans goût; un radicalisme ostensible régnait dans la maison avec de grandes affiches et d'inconfortables sièges en éléments. Il était difficile de vivre dans ces pièces sans se cogner; le cadre était totalement hétéroclite. Ce foyer reflétait bien le mariage de Vatanen.

Un printemps, la femme de Vatanen s'était trouvée enceinte mais s'était rapidement fait avorter. Un lit d'enfant aurait rompu l'harmonie du décor, avait-elle dit, mais Vatanen avait appris après l'avortement une raison plus vraisemblable : l'embryon n'était pas de lui.

«Tu ne vas pas être jaloux d'un embryon mort, espèce d'idiot», avait déclaré sa femme quand Vatanen avait abordé le sujet.

Vatanen installa le levraut au bord du ruisseau pour qu'il puisse boire. Le petit museau fendu plongea dans l'eau claire; le lièvre semblait terriblement assoiffé pour un aussi petit corps. Après avoir bu, il se mit à brouter énergiquement le feuillage de la rive. Sa patte arrière le faisait encore souffrir.

Il fallait sans doute retourner à Helsinki, se dit Vatanen. Que pouvait-on bien penser au bureau de sa disparition?

Mais quel bureau, aussi, quel emploi! Un magazine qui dénonçait les abus notoires mais se taisait obstinément sur toutes les tares fondamentales de notre société. Sur la couverture du journal s'étalaient semaine après semaine des visages oisifs, miss, mannequins, nouveaux bébés de familles de musiqueux. Plus jeune, Vatanen avait été content de son travail de reporter d'un grand journal, très content d'avoir l'occasion d'interviewer des individus incompris, dans le meilleur des cas victimes d'une oppression étatique. Il avait eu l'impression de faire du bon travail : certains excès au moins étaient révélés au public. Mais avec les années il n'avait même plus l'illusion de faire quelque chose d'utile. Il se contentait de faire ce que l'on exigeait de lui, se satisfaisait de ne jamais ajouter de commentaire critique. Ses collègues, frustrés et cyniques, faisaient de même. Le plus vain des spécialistes en marketing pouvait dire aux rédacteurs quel genre d'articles attendait le commanditaire, et on les écrivait. Le journal se portait bien, mais l'information n'était pas divulguée, elle était diluée, camouflée, transformée en un divertissement superficiel. Foutu métier.

Vatanen était relativement bien payé, mais il avait pourtant de perpétuels problèmes d'argent. Le loyer atteignait presque mille marks par mois, se loger à Helsinki revient cher. À cause du loyer, Vatanen n'aurait jamais d'appartement à lui. Il avait un bateau, pourtant, mais en payait encore les traites. En dehors de la navigation, Vatanen n'avait guère de passe-temps. Sa femme parlait parfois d'aller au théâtre, mais il ne voulait pas sortir avec sa femme, rien que sa voix, déjà, l'exaspérait.

Vatanen soupira.

Le clair matin d'été s'épanouissait mais ces sombres réflexions en avaient chassé la joie. Ce n'est que lorsque le lièvre eut mangé et que Vatanen l'eut mis dans sa poche que ces pensées pénibles le quittèrent. Il se mit en route d'un pas décidé, vers l'ouest, dans la même direction que la veille au soir sur la grand-route. La forêt bruissait joyeusement, Vatanen chantonnait une vieille ballade. Les oreilles du lièvre dépassaient de la poche de sa veste.

Deux heures plus tard, Vatanen tomba sur un village. Il longea la rue principale et arriva, heureux hasard, à un kiosque rouge. Près du kiosque, une jeune fille s'affairait. Elle semblait en train d'ouvrir sa petite boutique.

Vatanen se dirigea vers le kiosque, salua, s'assit à la véranda. La fille ouvrit les volets, entra, fit coulisser la vitre et déclara :

«Le kiosque est ouvert. Qu'est-ce que ce sera?»

Vatanen acheta des cigarettes et une bouteille de limonade. La fille examina attentivement l'homme puis s'enquit :

«T'es un criminel?

– Non… je te fais peur?

– Ce n'est pas ce que je voulais dire. Je pensais seulement, comme tu venais de la forêt.»

Vatanen sortit le lièvre, le posa à croupetons sur le banc du kiosque.

«Hé! t'as un lapin! s'enthousiasma la fille.

– Ce n'est pas un lapin, c'est un lièvre. Je l'ai trouvé.

– Le pauvre, il a mal à la patte, je vais lui chercher des carottes.»

La fille abandonna son kiosque, courut à une maison voisine où elle demeura un moment. Elle réapparut bientôt avec une botte de carottes terreuses de l'année précédente. Elle les rinça dans la limonade et les offrit avec ferveur au levraut, qui refusa d'y goûter. La fille sembla déçue.

«Ça n'a pas l'air de lui plaire.

– Il est un peu malade. Est-ce qu'il y a un vétérinaire dans le village?

– Y a bien Mattila, mais il n'est pas d'ici, il vient de Helsinki tous les étés et repart l'hiver. Sa villa est là-bas au bord du lac. Si tu montes sur le toit du kiosque, je te montrerai laquelle c'est. »

Vatanen monta sur le toit. La fille lui expliqua d'en bas où regarder, de quelle couleur était la maison. Vatanen regarda dans la direction indiquée et repéra la villa du vétérinaire. Puis il descendit du toit, aidé par la fille qui lui soutenait le derrière.

Le vétérinaire Mattila fit une petite piqûre au lièvre, lui pansa soigneusement la patte arrière.

« Il a eu un choc. Mais sa patte va se remettre. Si vous l'emmenez en ville, donnez-lui de la salade fraîche, il en mange. La salade doit être bien lavée, qu'il n'attrape pas de coliques. Comme boisson, de l'eau pure. »

Quand Vatanen revint au kiosque, quelques hommes désœuvrés étaient assis là. La fille présenta Vatanen :

« Voilà l'homme au lièvre. »

Les hommes buvaient de la bière légère. Le lièvre les intéressait beaucoup, ils posèrent des questions. Ils cherchèrent à savoir quel âge il pouvait bien avoir. L'un des hommes raconta qu'avant de faire les foins il parcourait toujours les laîches en criant pour que les levrauts cachés dans les herbes se sauvent.

« Sinon, ils se prennent dans les lames de la faucheuse, un été il y en a eu trois, un a eu les oreilles tranchées, l'autre les pattes de derrière et le troisième a été coupé par le milieu. Les étés où je les ai d'abord chassés aucun n'a été pris dans les lames. »

Vatanen trouva le village si agréable qu'il y habita plusieurs jours, sous les combles d'une maison.

CHAPITRE

3

Arrangements

Vatanen monta dans l'autocar de Heinola, car il n'est pas bon de rester éternellement oisif, même dans un village agréable.

Il s'assit sur la banquette au fond du car, le lièvre dans un panier. À l'arrière, quelques paysans fumaient. Quand ils virent le lièvre dans le panier, la conversation s'engagea. On constata qu'il y avait cet été-là plus de levrauts que d'habitude, on se demanda si ce lièvre-ci était un mâle ou une femelle. On demanda à Vatanen s'il avait l'intention de tuer et de manger le lièvre quand il aurait grandi. Vatanen déclara qu'il n'y songeait pas. On en conclut que personne bien sûr ne tuerait son propre chien, et qu'il est parfois plus facile de s'attacher à un animal qu'à un être humain.

Vatanen prit une chambre dans un hôtel, se débarbouilla et descendit manger. Il était midi, le restaurant était désert. Vatanen installa le lièvre à son côté, sur une chaise. Le maître d'hôtel le regarda, le menu à la main :

«En principe, nous n'acceptons pas les animaux.

– Il n'est pas dangereux.»

Vatanen commanda à déjeuner et demanda pour le lièvre de la salade verte, des carottes râpées et de l'eau fraîche.

Le maître d'hôtel regarda Vatanen d'un air désapprobateur quand il posa le lièvre sur la table pour manger sa salade à même le saladier, mais ne vint cependant pas le lui interdire.

Après le repas, Vatanen alla dans le hall téléphoner à sa femme à Helsinki.

«Ah! c'est toi! cria l'épouse en furie. De quel bouge est-ce que tu trouves moyen de m'appeler! Rentre tout de suite à la maison!

— Je pensais ne plus rentrer du tout.

— Ah! tu pensais ça! Tu es devenu fou, tu es bien obligé de rentrer. Et avec tes histoires, tu vas te faire virer de ton boulot, aucun doute là-dessus. Et Antero et Kerttu qui viennent dîner ce soir, qu'est-ce que je vais leur dire?

— Dis-leur que j'ai abandonné le domicile conjugal, au moins tu ne mentiras pas.

— Mais je ne peux pas dire ça, qu'est-ce qu'ils vont penser? Si tu es en train d'essayer de divorcer, je peux te jurer que tu n'y arriveras pas comme ça! Je ne te lâcherai pas si facilement maintenant que tu as saccagé ma vie, j'ai gâché huit années par ta faute! J'ai été folle de te prendre!»

Sa femme se mit à pleurer.

«Pleure plus vite, la communication est assez chère comme ça.

— Si tu ne reviens pas immédiatement, je préviens la police, ça t'apprendra à quitter la maison!

— Je ne crois pas que cette histoire intéresse tellement la police.

— Tu peux être sûr que je vais tout de suite téléphoner à Antti Ruuhonen, tu vois que je ne manquerai pas de compagnie!»

Vatanen raccrocha.

Il appela ensuite son copain Yrjö.

«Écoute, Yrjö. Je te le vends, ce bateau.

— Pas possible, d'où téléphones-tu?

— De la campagne, Heinola. Je pensais ne pas rentrer tout de suite à Helsinki et j'ai besoin d'argent. Tu l'achètes, ce bateau?

— Bien sûr que je l'achète. Tu me le laisses à quinze cents?

— Entendu. Tu peux passer prendre les clés à la rédaction, elles sont dans le tiroir du bas de mon bureau, à gauche, deux clés sur un anneau de plastique bleu. Demande Leena, si tu veux, tu la connais, elle pourra te les donner. Dis que c'est de ma part. Tu as du liquide?

— Oui. L'emplacement est compris dans le prix?

— Oui. Voilà ce que tu vas faire : va tout de suite à ma banque régler mes traites (Vatanen lui donna son numéro de compte) puis chez ma femme, donne-lui cinq mille marks et envoie les sept mille marks restants au Crédit mutuel de Heinola par mandat express. D'accord?

— Je peux aussi avoir tes cartes marines?

— Oui, c'est ma femme qui les a. N'échoue pas le bateau sur des écueils, va doucement au début, pour éviter les accidents.

— Dis-moi, comment se fait-il que tu acceptes de vendre ton bateau? Tu as perdu la boule?

— Si on veut.»

Le lendemain, Vatanen s'achemina vers la banque de Heinola. Il allait d'un pas léger, insouciant, comme l'on s'en doute.

On a beaucoup parlé du sixième sens de l'homme, et plus Vatanen approchait de la banque, plus il lui semblait que les choses n'allaient pas comme elles auraient dû. Il arriva à la banque sur ses gardes, sans pourtant imaginer quel danger pouvait bien le menacer là. Vatanen songea que ces quelques jours de liberté avaient aiguisé son instinct, l'idée l'amusa et il entra dans la banque en étouffant un rire.

Son instinct ne l'avait pas trompé.

À l'intérieur de la banque, le dos à la porte, sa femme l'attendait. Le cœur de Vatanen fit un bond, la fureur et la peur le submergèrent. Même le lièvre sursauta.

Vatanen se rua hors de la banque. Il s'éloigna le long du trottoir en courant de toute la vitesse de ses jambes. Les passants contemplaient ébahis cet homme qui s'enfuyait de la banque avec à la main un panier d'où dépassait la pointe de deux petites oreilles de lièvre. Vatanen courut jusqu'à l'extrémité du pâté de maisons, se faufila dans une rue adjacente, remarqua au même instant devant lui la porte d'un petit bistrot. Il se glissa aussitôt dans la brasserie. Il était à bout de souffle.

«Vous êtes certainement monsieur Vatanen, le journaliste», demanda le portier en regardant le lièvre comme s'il le reconnaissait. «On vous attend.»

Le photographe et le secrétaire de rédaction étaient attablés au fond du restaurant. Ils buvaient tous deux de la bière, sans remarquer Vatanen. Le portier expliqua à Vatanen que ces messieurs lui avaient demandé d'indiquer leur table à un homme ayant son allure, qui serait peut-être accompagné d'un lièvre.

Vatanen s'enfuit à nouveau.

Il se coula dans la circulation, regagna furtivement son hôtel et réfléchit à ce qui avait bien pu faire échouer son plan. Il conclut que cet Yrjö de malheur devait être derrière tout ça.

Vatanen téléphona à Yrjö. Il apparut qu'Yrjö avait avec une rare bêtise avoué à sa femme où il avait expédié l'argent du bateau. Le reste était facile à deviner : sa femme avait réquisitionné le patron pour surprendre Vatanen à Heinola et attendait maintenant à la banque qu'il vienne retirer son argent. L'argent avait été envoyé à la banque, mais comment Vatanen le récupérerait-il sans esclandre ?

Il fallait y réfléchir.

Vatanen trouva. Il demanda au réceptionniste de préparer sa note, mais annonça que trois personnes, deux hommes et une femme, viendraient bientôt le rejoindre dans sa chambre. Il écrivit ensuite quelques mots sur le papier à en-tête de l'hôtel. Il laissa le mot sur la table. Ces préparatifs terminés, Vatanen empoigna le téléphone. Il chercha dans l'annuaire le numéro du restaurant où il avait si récemment mis le pied comme un chat dans un four brûlant ; il reconnut le portier au bout du fil.

« Ici le rédacteur Vatanen. Pourriez-vous demander à l'un des deux hommes de tout à l'heure de venir au téléphone.

— Vatanen, c'est toi, déclara quelques instants plus tard dans l'écouteur la voix du secrétaire de rédaction.

— C'est bien moi, salut.

— Te voilà pris, sacripant. Devine quoi, ta bonne femme est à la banque et nous ici. Viens tout de suite, qu'on puisse rentrer à Helsinki. Tes bêtises ont assez duré.

— Écoute, je ne peux pas venir pour l'instant. Venez tous les trois à l'hôtel, je suis au 312, j'ai quelques coups de téléphone à donner. Passez prendre ma femme à la banque et nous réglerons cette affaire tous les quatre.

— O.K., on arrive. Et reste là, hein.

— Bien sûr, à tout de suite. »

Sur ces mots, Vatanen se rua hors de sa chambre dans

l'ascenseur, avec le lièvre, régla sa note et ses communications au réceptionniste et dit qu'on pouvait laisser la chambre aux trois personnes qui se présenteraient bientôt à l'hôtel pour le voir. Dans la foulée, Vatanen se propulsa sur le trottoir.

Vatanen gagna la banque par les petites rues. De loin, il chercha à repérer sa femme, montant la garde à l'intérieur de la banque. Elle était bien là, la garce. Vatanen attendit au coin de la rue.

De la taverne voisine sortirent bientôt deux hommes, le secrétaire de rédaction et le photographe. Ils allèrent à la banque et en ressortirent rapidement avec la femme de Vatanen. Ils prirent tous trois la direction de l'hôtel. Vatanen entendit sa femme dire :

«Je vous l'avais dit, qu'on ne le pincerait pas sans cela.»

Quand les trois furent hors de vue, Vatanen entra tranquillement dans la banque, s'adressa au guichet et montra sa carte d'identité. La préposée lut son nom.

«Votre femme vous cherchait. Elle vient de partir.

– Je sais. Je vais la retrouver.»

Vatanen trouva à son nom les sept mille marks convenus, moins les six marks de la taxe sur les mandats express. Il signa le récépissé et encaissa l'argent, ça faisait un sacré paquet. Le lièvre était assis sur le comptoir vitré. Les employées de la banque avaient abandonné leur travail et se pressaient pour admirer le charmant animal ; toutes voulaient le caresser.

«Faites attention à sa patte arrière, surtout, les avertit Vatanen avec bienveillance.

– Il est adorable», disaient les femmes. Dans la banque régnait une aura de bonheur qui vous réchauffait le cœur.

Quand il put enfin s'échapper, Vatanen alla à la station

de taxis du marché, monta dans une grosse voiture noire et dit au chauffeur : «Prenez la route de Mikkeli, vite.»

Dans la chambre d'hôtel de Vatanen, la discussion était vive. Elle avait été provoquée par le billet laissé sur la table, où l'on pouvait lire : *Fichez-moi la paix. Vatanen.*

4

Des herbes

Mikkeli sous le soleil, la liberté totale. Vatanen était assis sur un banc du parc central de la ville, le lièvre se cherchait à manger sur la pelouse. De la gare routière, quatre bohémiennes vêtues de vives couleurs bigarrées s'approchaient, elles s'arrêtèrent pour regarder le lièvre, vinrent bavarder avec Vatanen. Les femmes étaient joyeuses, elles voulaient acheter le lièvre.

Les femmes surent indiquer à Vatanen où se trouvait le bureau de l'Administration des chasses du district du Savo-Sud. L'une d'elles voulut absolument prédire l'avenir à Vatanen :

«Un grand bouleversement», dit la femme. Elle expliqua que Vatanen avait été soumis à de fortes tensions et avait pris une grande décision. La ligne centrale de sa main indiquait maintenant un avenir formidable, beaucoup de voyages en vue, aucun souci à se faire. Quand Vatanen voulut donner une pièce à la femme, elle la refusa.

«Allons, mon cœur, j'ai pas besoin d'argent, l'été.»

Sur la porte du bureau des chasses, un carton indiquait que l'on pouvait joindre U. Kärkkäinen, garde-chasse, à son domicile. Vatanen prit un taxi et se rendit à l'adresse indiquée. Devant la maison, un gros chien aboyait. Quand il flaira le lièvre, il se mit carrément à hurler. Vatanen n'osait plus avancer.

Un homme jeune et grand sortit gourmander le chien. Vatanen put entrer. Le garde-chasse fit asseoir son invité et lui demanda en quoi il pouvait lui être utile.

«Qu'est-ce qu'un animal comme ça peut bien manger?», demanda Vatanen en sortant le lièvre de son panier pour le poser sur la table. «Du côté de Heinola le vétérinaire m'a dit que je pouvais toujours lui donner de la salade, mais c'est difficile à trouver. Il n'a pas l'air de manger de l'herbe.»

Kärkkäinen examina le levraut avec un enthousiasme tout professionnel.

«Un mâle, il doit avoir à peine un mois. Vous l'avez adopté? C'est strictement interdit par la loi, l'espèce est protégée.

– Il serait certainement mort, il avait la patte cassée.

– Je vois bien. Mais il faut légaliser la chose. Je vais vous faire une autorisation officielle pour que vous puissiez le garder.»

L'homme écrivit quelques lignes à la machine sur une feuille de papier, y apposa un cachet et signa son nom au bas de la feuille. Le texte disait :

Certificat.

Je soussigné certifie que le porteur de la présente autorisation est officiellement en droit de garder et d'élever un lièvre sauvage, étant donné que le porteur de l'autorisation a recueilli ledit animal sauvage alors que ce dernier était blessé à la patte gauche et risquait donc de mourir. À Mikkeli, U. Kärkkäinen, Administration des chasses du district du Savo-Sud.

«Donnez-lui des jeunes pousses de trèfle, à cette

époque-ci on en trouve presque partout. Et comme boisson, de l'eau pure, inutile de lui faire ingurgiter du lait. En plus du trèfle, il peut manger du fourrage vert, et du regain d'orge… il adore les agrostides, il apprécie les gesses des prés et toutes les vesces, et le trèfle hybride lui convient aussi. En hiver, donnez-lui de l'aubier de feuillus et des branches de myrtille surgelées si vous le gardez en ville.

– À quoi ressemble la gesse des prés, je ne vois pas très bien.

– Vous connaissez les vesces ?

– Je crois, oui, ce sont des espèces de légumineuses, avec des vrilles comme les pois.

– La gesse des prés ressemble beaucoup aux vesces. Elle a des fleurs jaunes, c'est le meilleur moyen de la reconnaître. Je vais vous faire un dessin, vous pourrez comparer. »

Kärkkäinen prit une grande feuille de papier et se mit en devoir de dessiner la plante au crayon noir. Kärkkäinen n'était pas précisément doué pour le dessin. Le crayon courait sur la feuille, fermement serré dans une poigne solide, la mine s'enfonçait profondément dans le papier ; deux fois, la mine cassa. Au bout d'un long labeur, le dessin commença à prendre forme. Vatanen lorgnait avec intérêt l'image naissante. Kärkkäinen écarta la feuille, indiquant ainsi qu'il voulait terminer son œuvre sans être importuné.

« Et elle a de petites fleurs jaunes, comme ceci… zut, il faudrait du jaune, on se rendrait mieux compte. Je vais chercher les aquarelles du petit. »

Kärkkäinen alla chercher de l'eau et entreprit de colorier le vigoureux dessin de plante. Il coloria la tige et les feuilles en vert, nettoya soigneusement le pinceau avant de passer au jaune pour les fleurs.

« Ce papier est un peu trop léger, la couleur bave. »

Quand les fleurs furent teintées de jaune, Kärkkäinen repoussa son matériel de peinture et souffla sur l'aquarelle pour la faire sécher. Il examina longuement son œuvre, la tint à bout de bras pour juger du résultat.

«J'sais pas trop si ce dessin vous servira à grand-chose, mais la plante a à peu près cette allure-là, et, en tout cas, il s'en régalera. Les vrilles sont un peu trop épaisses, il faudra les imaginer plus fines en comparant le dessin aux vraies plantes. Vous avez une sacoche, pour le ranger sans le plier?»

Vatanen secoua la tête. Kärkkäinen lui donna une grande enveloppe grise où le dessin tenait sans être plié.

Vatanen remercia des conseils. Le garde-chasse sourit d'un air gêné, ravi cependant. Devant la maison, les hommes se serrèrent chaleureusement la main.

Le chauffeur de taxi avait attendu une demi-heure dehors. Vatanen demanda à l'homme de le conduire quelque part en bordure de la ville, dans un endroit où il y aurait une végétation abondante. Ils trouvèrent l'endroit idéal sans avoir à chercher très loin : un grand bois de boulcaux, encerclé du côté de la route de pissenlits tout jaunes.

Le chauffeur de taxi demanda s'il pouvait aider à la cueillette des fleurs, il trouvait le temps long assis tout seul dans la voiture surchauffée.

Excellente idée.

Vatanen confia le dessin de Kärkkäinen au chauffeur de taxi. Il ne fallut pas longtemps pour que ce dernier l'appelle joyeusement dans le sous-bois : il avait trouvé des gesses. D'autres plantes conseillées par le garde-chasse poussaient aussi dans le coin.

«La botanique m'a toujours intéressé», avoua le chauffeur de taxi à Vatanen.

En une heure, les hommes ramassèrent chacun une grande brassée de plantes. Le lièvre mangeait avec appétit. Le chauffeur de taxi alla chercher de l'eau à une pompe, il la transporta dans l'enjoliveur de sa voiture qu'il lava d'abord sous le robinet. Le lièvre but à grands traits dans l'enjoliveur, le chauffeur de taxi partagea le reste avec Vatanen. Quand ils eurent bu toute l'eau fraîche, le chauffeur remit d'un coup sec l'enjoliveur sur la roue avant de sa voiture.

« On pourrait porter ces herbes chez moi, elles peuvent rester dans le placard de l'entrée jusqu'à ce que vous ayez trouvé une chambre d'hôtel ou un autre logement. »

Ils s'arrêtèrent en ville devant l'immeuble où habitait le chauffeur de taxi. Les deux hommes ramassèrent leur brassée et prirent l'ascenseur jusqu'au quatrième étage. La porte leur fut ouverte par une femme d'aspect effacé qui marqua une légère surprise en découvrant son mari, accompagné d'un autre homme, tous deux les bras chargés d'herbes odorantes.

« Helvi, ce sont les plantes de ce client, on va les mettre dans le placard en attendant qu'il en ait besoin.

— Miséricorde, où est-ce qu'on va mettre tout ça ? », gémit la femme, qui se tut cependant devant le regard courroucé de son mari. Vatanen régla la course. Il remercia encore avant de prendre congé. Le chauffeur de taxi dit :

« Vous n'avez qu'à me téléphoner et je vous apporterai vos herbes. »

5

L'arrestation

À la mi-juin, son voyage avait conduit Vatanen sur la route de Nurmes. Il pleuvait, il avait froid.

Vatanen venait de descendre de l'autocar qui allait de Kuopio à Nurmes. Et il se retrouvait là, sur cette route pluvieuse, à se faire mouiller sur un coup de tête. Le village de Nilsiä était à plusieurs kilomètres.

La patte arrière du lièvre était guérie, et le lièvre avait pas mal grandi. C'est à peine s'il tenait dans le panier.

Juste après un tournant, il y avait du moins une maison, une habitation cossue d'un étage et demi. Vatanen décida d'y aller demander asile pour la nuit. Devant la maison, une femme en imperméable grattait le jardin, ses mains étaient noires de terre. Une vieille femme, l'image de son épouse traversa l'esprit de Vatanen. Il y avait quelque chose d'elle dans cette femme.

«Bonjour.»

La femme se redressa et regarda l'arrivant, puis le lièvre mouillé qui sautillait à ses pieds.

«Je m'appelle Vatanen, j'arrive de Kuopio, je suis descendu par erreur ici de l'autocar, je voulais descendre à l'église de Nilsiä. Il a l'air de pleuvoir, comment allez-vous?»

La femme regardait le lièvre.

«Et ça, qu'est-ce que c'est?

– Juste un lièvre. Il vient du côté de Heinola, je l'ai pris avec moi… on a pas mal voyagé ensemble.

– Que faites-vous par ici? demanda la femme d'un air soupçonneux.

– Rien de précis, je me promène un peu partout avec ce lièvre, pour le plaisir… comme je vous l'ai dit, je suis descendu du bus, je suis un peu fatigué. Est-ce que je pourrais par exemple passer la nuit là?

– Je vais demander à Aarno.»

La femme rentra dans la maison. Le lièvre poussé par la faim grignotait les plantations. Vatanen le lui défendit, le prit finalement dans ses bras. Un homme d'âge moyen, petit, un peu dégarni, apparut sur le perron. Il s'adressa à Vatanen :

«Allez-vous-en. Vous ne pouvez pas rester ici. Partez immédiatement.»

Vatanen eut un léger mouvement d'humeur. Il demanda à l'homme de lui appeler au moins un taxi.

L'homme lui enjoignit à nouveau de partir, il semblait effrayé. Vatanen gravit le perron dans l'espoir de s'expliquer, mais l'homme se glissa à l'intérieur, lui ferma la porte au nez. Quelles gens bizarres, songea Vatanen.

«Téléphone donc, tu vois bien qu'il est fou», fit la voix de la femme à travers la fenêtre. Vatanen se dit que le couple lui appelait quand même un taxi.

«Oui, chez les Laurila, venez tout de suite, il est à la porte, il a essayé d'entrer, c'est un fou. Il a aussi un lièvre.»

La communication prit fin. Vatanen essaya la porte d'entrée. Elle était fermée à clé. Il pleuvait. Par la fenêtre, l'homme lui cria hargneusement de ne pas cogner à la porte. «J'ai une arme», hurla l'homme. Vatanen alla s'asseoir dans la balançoire de jardin, qui avait un dais. La femme cria par la fenêtre :

«N'essayez pas d'entrer!»

Quelque temps plus tard, une voiture de police noire s'arrêta devant la maison. Deux agents en uniforme en descendirent. Ils s'approchèrent de Vatanen. Sur le perron apparut le couple, désignant Vatanen et disant le voilà, emmenez-le.

«Alors, dirent les policiers. Qu'avez-vous essayé de faire?

— Je leur avais demandé d'appeler un taxi, mais c'est vous qu'ils ont appelés.

— Et vous avez un lièvre?»

Vatanen ouvrit le panier dans lequel le lièvre s'était quelques instants plus tôt réfugié à l'abri de la pluie. Le lièvre sortit un nez apeuré, il avait l'air vaguement coupable. Les policiers se regardèrent, hochèrent la tête. L'un dit :

«Bon, allons-y. Donnez-moi ce panier.»

Le commissaire

Les policiers montèrent devant avec le lièvre, Vatanen tout seul à l'arrière. Ils roulèrent d'abord en silence mais, peu avant d'arriver au village, le policier qui tenait le panier du lièvre demanda :

« On peut regarder ?

– Oui, mais ne l'attrapez pas par les oreilles. »

Le policier ouvrit le panier et contempla le lièvre qui passait la tête dans l'entrebâillement du couvercle. Le policier assis au volant se pencha lui aussi pour regarder l'animal. Il enclencha la vitesse inférieure et laissa la voiture ralentir pour mieux voir.

« De l'année », dit le policier qui conduisait la voiture. « Peut-être même une portée d'hiver.

– Je ne crois pas. Il y a quelques semaines, il était encore tout petit. Il doit être né en juin.

– C'est un mâle », dit l'autre policier.

On arrivait à l'église de Nilsiä. La voiture s'arrêta dans la cour du commissariat. On ferma le panier du lièvre. Vatanen fut emmené à l'intérieur.

L'agent de service était assis dans le local, l'air somnolent, l'uniforme déboutonné. Il arbora un air ravi, heureux d'avoir de la compagnie.

On offrit une chaise à Vatanen. Il sortit ses cigarettes de sa poche et en offrit aux policiers. Ces derniers échangèrent d'abord un regard puis acceptèrent chacun une cigarette. Le téléphone sonna, l'agent de service décrocha.

«Commissariat de Nilsiä, agent Heikkinen à l'appareil. Oui. Bon, d'accord, on viendra le prendre demain. C'est tranquille, une seule affaire pour l'instant.»

L'agent de service regarda Vatanen, cherchant à le cataloguer.

«On nous a téléphoné, Laurila; il paraît qu'il a essayé de s'introduire de force dans la maison. Il a l'air convenable, on vient de l'amener. Au revoir.»

L'homme raccrocha.

«L'assistante sociale. Il faudra conduire Hänninen à l'hospice demain, il refuse d'y aller.»

L'agent examina Vatanen d'un air pensif. Il arrangea les rares papiers posés sur son bureau, adopta un ton de voix plus officiel :

«Voyons… cette histoire. Pourrais-je voir vos papiers?»

Vatanen lui tendit son portefeuille. Le policier en extirpa des papiers d'identité et une solide liasse de billets. Les autres s'approchèrent pour voir ce que contenait le portefeuille. L'agent de service étudia les papiers d'identité puis entreprit de compter l'argent. Cela prit un certain temps, la voix monocorde de l'agent résonnait dans la pièce pendant qu'il accomplissait sa tâche. On aurait dit le comptage du dernier résultat des élections présidentielles.

«Pas mal, dit-il. 5 850 marks.»

Il y eut un long silence.

«J'ai vendu mon bateau, expliqua enfin Vatanen.

– Vous n'auriez pas le reçu, par hasard?»

Vatanen dut avouer qu'il ne l'avait pas gardé.

«Je n'ai jamais eu les moyens de promener un paquet pareil dans mon portefeuille, fit l'un des policiers qui avaient arrêté Vatanen.

– Moi non plus, dit aigrement l'autre.

– Vous êtes le Vatanen qui écrit dans les magazines?», demanda l'agent de service. Vatanen acquiesça.

«Et qu'est-ce que vous faites par ici? Vous avez l'intention d'écrire un article, avec ce lièvre?»

Vatanen dit qu'il ne voyageait pas pour son travail. Il demanda où il pourrait passer la nuit, il commençait à être fatigué.

«Nous avons quand même cette plainte du Dr Laurila; Laurila est le médecin-chef de la commune. Il nous a donné l'ordre de vous arrêter. Je n'en sais pas plus.»

Vatanen déclara qu'il ne voyait pas comment un quelconque Laurila pouvait sans autre forme de procès ordonner l'arrestation de qui que ce soit.

«De toute façon, nous sommes maintenant obligés de faire quelques vérifications, avec tout cet argent que vous avez sur vous. Et qu'est-ce que c'est que cette histoire de lièvre? Le médecin-chef affirme que vous avez tenté de vous introduire de force chez lui, que vous l'avez menacé et obligé à appeler un taxi… et que vous avez exigé un abri pour la nuit. C'est suffisant pour qu'on ne puisse pas vous laisser partir, même si l'affaire n'est pas bien grave. Si vous nous disiez ce qui vous amène ici.»

Vatanen déclara qu'il avait quitté son domicile et son emploi, qu'il était en quelque sorte en fuite et qu'il n'avait pas encore décidé ce qu'il allait faire. Il se contentait de voir du pays.

«Je vais demander leur avis aux gars de Kuopio, décida l'agent de service en faisant le numéro. Ici Heikkinen, de Nilsiä, salut, on a là un drôle de numéro… d'abord, il se promène avec un lièvre apprivoisé, il est journaliste, on nous a téléphoné pour porter plainte contre lui, il aurait troublé l'ordre public, tenté de s'introduire de force dans une maison pour la nuit… oui, et il a six mille balles en poche. Il n'a pas l'air fou, en tout cas, ce n'est pas ce que je veux dire, mais qu'est-ce qu'on doit en faire, il veut partir… et on ne sait pas ce qu'un type comme ça peut écrire… il dit qu'il ne va nulle part, il se promène simplement avec son lièvre. Non, il n'est pas ivre, tout à fait correct. Oui. Sauf si ça fait du foin… bon, je suppose qu'on doit l'enfermer… merci, ça va, il pleuvote, il a plu toute la journée, salut.

«Les gars de Kuopio disent qu'eux vous mettraient au trou, au moins pour la nuit, puisque vous vagabondez, avec tout cet argent, et la plainte qui a été déposée. Est-ce que vous accepteriez cette solution?

— Vous ne pourriez pas téléphoner au commissaire, vous ne dépendez quand même pas de Kuopio.

— On aurait téléphoné dès le début, mais le commissaire est à la pêche et ne rentrera que vers dix heures, s'il rentre. C'est malheureusement moi le plus élevé en grade ici. À Kuopio, ils ont dit qu'il ne fallait surtout pas vous relâcher, et puis où iriez-vous avec la pluie qui tombe ce soir?

— Où est-ce qu'on va mettre le lièvre?» demanda amèrement Vatanen.

L'attention se reporta sur le lièvre dont le panier avait été posé par terre pendant qu'on comptait l'argent sur la table. Là, le levraut suivait tranquillement le déroulement de l'interrogatoire. À l'évidence, il posait un nouveau problème aux policiers.

«Euh… eh bien où?… et si on le confisquait au profit de l'État pour le lâcher dans la forêt, il pourrait se débrouiller.»

Vatanen produisit l'autorisation délivrée à Mikkeli.

«Je suis officiellement autorisé à prendre soin de cet animal et vous ne pouvez ni le confisquer ni le lâcher illégalement dans la nature, c'est-à-dire me l'enlever. Et on ne peut pas le mettre dans une cellule, c'est un endroit trop malsain pour un animal sauvage aussi fragile, il pourrait en mourir.

– Je pourrais le prendre chez moi pour la nuit», offrit l'un des deux plus jeunes agents, mais Vatanen avait aussi des arguments contre cette solution :

«À condition que vous ayez une formation qui vous autorise à soigner les rongeurs sauvages et que vous ayez des locaux qui s'y prêtent; il lui faut aussi absolument des gesses des prés comme nourriture, avec d'autres plantes spéciales, ou il risque de mourir d'un empoisonnement. Et vous seriez passible de dommages et intérêts s'il arrivait quoi que ce soit à ce lièvre, et ce genre d'animal n'est pas sans valeur.»

Le lièvre suivait la conversation, on aurait dit qu'il acquiesçait aux propos de Vatanen.

«On ne s'en sortira jamais, éclata l'agent de service. En ce qui me concerne, vous pouvez partir, revenez demain vers dix heures pour éclaircir votre cas. Et emmenez ce lièvre avec vous.

– Tu es fou, protestèrent les deux jeunes agents. Et que va dire Laurila quand il sera au courant? Et on ne peut pas savoir, avec tout cet argent. Ce type n'a même pas de voiture, on ne sait pas d'où il sort. Est-ce même Vatanen?

– Évidemment… bon, ne partez pas encore. Il faut que je

réfléchisse. Et le commissaire qui est à la pêche. Quelqu'un a des clopes ? »

Vatanen offrit des cigarettes à la ronde. Ils fumèrent. Personne ne dit mot pendant un long moment.

Le plus jeune des agents s'adressa finalement à Vatanen :

« Comprenez-nous bien. Nous n'avons rien contre vous, mais la police aussi a des consignes. Si vous n'aviez pas ce lièvre, tout serait beaucoup plus simple. Si on réfléchit à la situation de notre point de vue, qui sait si vous n'avez pas commis un meurtre avant de quitter Helsinki… et puis vous auriez pu perdre la raison et vous rôderiez par ici sans aucune nécessité, comme c'est d'ailleurs le cas… et vous seriez un fou dangereux.

— Arrête de radoter, dit l'agent de service. Il n'est pas question de meurtre.

— Mais ça pourrait, en théorie. Je ne veux pas dire que ce soit le cas, mais ça pourrait parfaitement.

Je pourrais tout aussi bien être un assassin », éructa l'agent de service. Il écrasa sa cigarette, regarda méchamment le lièvre, puis se décida : « Et si vous restiez quand même ici. Dans cette pièce, par exemple… jusqu'à ce qu'on puisse téléphoner au commissaire, d'ici deux ou trois heures. On réglera cette histoire. Vous pourriez très bien dormir sur la couchette si vous êtes fatigué. On pourrait se faire du café, il n'y a pas le feu. Ça vous va ? »

Vatanen était d'accord.

On posa le lièvre et son panier sur le lit du fond, que les policiers utilisaient sans doute pour se reposer la nuit. Vatanen demanda s'il pouvait voir les locaux carcéraux de la police de Nilsiä. L'agent de service se leva complaisamment pour lui faire visiter les cellules. Toute la compagnie passa au violon, l'agent de service ouvrit la porte.

«Ce n'est pas le Pérou, mais on n'a guère que des ivrognes, il y a des gens qui descendent du mont Tahko, on a même eu des journalistes», expliqua l'agent de service à Vatanen.

Le commissariat avait deux cellules séparées par une cloison. C'étaient des pièces modestes. Les fenêtres n'avaient pas de barreaux, elles étaient obturées de verre dépoli grisâtre dans lequel était coulé un treillis métallique. Un lit tubulaire rivé au mur, une cuvette de chiottes sans couvercle dont le siège aussi était fixé au mur. Au plafond pendait une ampoule nue.

«C'est ce qu'ils cassent en premier, dans leur rage, puis ils passent la nuit dans le noir. Il faudrait y mettre une protection métallique, les plus grands l'atteignent en sautant.»

Les policiers firent du café. Vatanen alla s'étendre sur la couchette du bureau. Les agents discutèrent à voix basse du cas de Vatanen, ils le croyaient endormi. Vatanen entendit les hommes jauger Laurila; ils étaient d'accord pour trouver l'affaire plutôt exceptionnelle, il fallait au moins au début se comporter avec tact. Vatanen s'endormit.

Vers dix heures du soir, l'agent de service réveilla Vatanen. Il lui apprit qu'on avait pu joindre le commissaire et que ce dernier serait bientôt là. Vatanen se frotta les yeux, regarda le panier au bout du lit et le vit vide.

«Les garçons sont dehors avec lui. On a vu qu'il ne chercherait pas à se sauver, on a pensé qu'il avait peut-être faim et on lui a apporté des gesses. Il a bien mangé.»

Les jeunes agents entrèrent avec le lièvre. Ils le laissèrent gambader sur le plancher, le lièvre sema des crottes tout autour de lui. Les policiers essayèrent de les envoyer dans les coins à coups de pied, mais le résultat fut peu probant;

ils prirent un torchon sur la table à café et chassèrent les crottes en direction des murs.

Une voiture jaune entra dans la cour. Le commissaire franchit le seuil. Il vit le lièvre sur le plancher, n'en eut cure, tendit la main à Vatanen :

«Savolainen.»

L'agent de service exposa l'affaire. Le commissaire était un jeune type qui venait sans doute de terminer son droit et avait atterri dans ce coin perdu pour gagner sa vie. Il écouta en tout cas les explications d'un air compétent.

«Les gars de Kuopio vous ont dit de l'enfermer?

– C'est ce qu'ils nous ont conseillé, mais on ne l'a pas fait.

– Vous avez eu raison. Je connais Laurila.»

Le commissaire examina les papiers de Vatanen et lui rendit son argent. «Je vais téléphoner à ce docteur», dit le commissaire en empoignant le téléphone. «Ici le commissaire Savolainen, bonsoir. Il paraît que vous avez porté plainte contre un certain individu. C'est cela. Il semble toutefois que votre plainte soit sans objet. Nous avons fait notre enquête. Il faut que vous veniez immédiatement ici pour élucider l'affaire. Non, non, impossible demain. L'affaire se présente assez mal pour vous, si vous ne parvenez pas à vous expliquer. Si cela va plus haut, en tant que policier, je ne sais pas ce que je pourrai faire. Quoi qu'il en soit, l'homme qui a été arrêté par votre faute peut vous poursuivre pour dénonciation calomnieuse. Il a été longuement retenu ici. Quand vous viendrez, vous ne me verrez pas, mais vous pourrez faire votre déposition à l'agent de service, il vous interrogera. Au revoir.»

Le commissaire grimaça un sourire. Il dit à Heikkinen :

«Écoute ce que Laurila a à dire et pose-lui quelques

questions, qu'il soit obligé de peser ses mots. Demande-lui ce que tu veux, prends par exemple ses empreintes digitales. Dis-lui ensuite qu'il est libre. Dis-lui que le procureur, c'est-à-dire moi, ne retiendra aucune charge contre lui si l'intéressé se déclare satisfait. Tu sauras bien. Et vous, Vatanen, où allez-vous passer la nuit? J'irais bien encore sur le lac jusqu'à l'aube, on a posé les filets. Voici ce que je vous propose : venez avec votre lièvre passer la nuit au bord de l'eau. Je peux vous emmener, j'ai une cabane de pêche, là-bas, enfin un sauna, le lièvre profiterait de la nature et vous pourriez dormir tranquille.»

Les policiers raccompagnèrent dehors Vatanen, le commissaire et le lièvre. L'agent de service dit au commissaire :

«J'avais tout de suite vu que ce Vatanen était un type bien.»

Arrêt sur lecture 1

« Un homme n'a pas le droit de disparaître comme ça »

L'événement fondateur, celui dont toutes les péripéties du roman vont découler, est une disparition : Vatanen s'enfonce dans la forêt et ne reparaît plus aux yeux de ceux qu'il connaît. Il prend la décision de rompre avec sa vie, sans bien savoir ce qu'il va devenir. Mais quand il sort de la forêt, il n'est plus le même. Le roman s'ouvre donc sur un homme qui fait peau neuve, au moment même où craque la dépouille trop étroite qui l'emprisonne. Le lecteur, qui rencontre le personnage à cet instant singulier, doit alors démêler, dans cette métamorphose, ce qui meurt d'avec ce qui naît en Vatanen pour comprendre à qui il a affaire.

La vitesse du récit : sommaire, scène et pause

Deux temporalités – Moment de révolution intérieure, moment de crise : une tranche de vie vient de finir, une autre commence. Le passé bascule sur l'avenir. Cette articulation met alors en rapport deux durées qui n'ont pas la même valeur pour le lecteur. L'avenir va fournir sa matière au récit. Il met le lecteur en situation d'attente : que va-t-il bien pouvoir arriver à un homme qui largue tout sur un coup de tête ? Le passé, en revanche, n'intéresse pas de la même façon puisqu'on sait qu'il mène à ce moment précis qui démarre le roman. L'attente est cette fois davantage celle d'une explication qui puisse permettre de comprendre d'où vient cette grave décision du personnage. Une temporalité amène donc au moment de l'action – elle est plutôt *argumentative*, puisqu'elle doit chercher à faire comprendre quelque chose –, tandis qu'une autre ouvre sur l'incertitude quant à l'avenir – elle est plutôt *dramatique*, puisqu'elle est grosse des événements à venir.

Un passé elliptique – Le passé du personnage est évoqué à grands traits qui contrastent avec la dilatation du temps du récit de premier plan. L'action des chapitres 1 à 6 se déroule sur quelques jours, mais le narrateur y insère des retours en arrière de plusieurs années, remontant jusqu'aux débuts de Vatanen dans le journalisme, au naufrage de son couple, aux dernières années vécues. Chacune de ces périodes est résumée en quelques lignes où perce surtout le dégoût de Vatanen. Les premières années de mariage et l'adultère dans lequel il achève de se ruiner sont racontés en deux paragraphes consécutifs ; l'évocation du journalisme passe sans transition de l'enthousiasme des débuts à la désillusion aigrie de la fin. Le dispositif adopté par la narration est donc celui du sommaire : plusieurs années sont résumées en quelques lignes. Cette brièveté dénote le travail mental auquel se livre Vatanen : il s'agit de faire le bilan (c'est le titre du chapitre 2), de conclure à la totale absence d'intérêt de sa vie et à l'erreur dans laquelle elle s'est fourvoyée. La rupture semble bien inévitable au lecteur.

Un présent fractionné – À l'inverse, le moment que vit le personnage est marqué par une succession de saynètes. Vatanen rompt avec sa femme, vend son bateau, déjoue le piège tendu à la banque, rencontre le garde-chasse Kärkkäinen ainsi qu'un chauffeur de taxi, s'égare sur son trajet en bus, est finalement arrêté par la police. Les événements se précipitent et la vitesse du récit diminue pour les suivre. Dans cette temporalité, on regarde vivre le personnage presque minute par minute aux moments cruciaux, alors que dans le sommaire on le voyait sauter par-dessus les années. Les ellipses ne couvrent que de courtes périodes (p. 43).

> La patte arrière du lièvre était guérie, et le lièvre avait pas mal grandi.

La narration adopte donc le régime de la scène, voire de la pause lorsqu'elle suspend l'instant qui passe par la description, par exemple, du contenu du portefeuille de Vatanen.

Le post-tragique

Dans les lignes de la main – La précipitation du temps dans le sommaire où se résume la vie de Vatanen de même que la présentation argumentative qui en est faite donnent au récit une dimension tragique : ça devait arriver. La bohémienne du chapitre 4 incarne cette dimension lorsqu'elle lit dans les lignes de la main de Vatanen, à la fois dans le passé (p. 38):

> Elle expliqua que Vatanen avait été soumis à de fortes tensions et avait pris une grande décision.

et dans le futur :

> La ligne centrale de sa main indiquait maintenant un avenir formidable, beaucoup de voyages en vue, aucun souci à se faire.

Le destin de Vatanen est donc écrit. Sa trajectoire n'est pourtant pas totalement tragique. Elle ne l'est que dans le passé, puisque celui-ci débouche sur le malheur et la chute du personnage dépouillé de ses biens et de son statut social. Le récit ouvre sur de nouveaux espoirs, une deuxième chance. La bohémienne est plutôt optimiste. S'il y a un destin, il n'est donc pas forcément malheureux : fin du tragique. Ce qu'il en reste encore concerne la question du libre arbitre (peut-on dire que Vatanen choisit son nouveau destin ou faut-il croire aux lignes de la main ?) et celle de l'identité.

Identité civile – « Qui suis-je ? », semble en effet se demander le personnage – question fort pertinente pour le lecteur. Celui-ci glane rapidement des informations concernant tout d'abord sa profession, puisqu'il est appelé « le journaliste » dans l'incipit, jusqu'à la mention suivante (p. 22) :

> D'après son numéro de Sécurité sociale, Kaarlo Vatanen était né en 1942.

Il a un nom, une date de naissance et une existence administrative. Il est (mal) marié, sans enfant. Il possède un bateau et jouit d'une certaine notoriété, puisque l'agent de police du chapitre 6 lui demande s'il est « le Vatanen qui écrit dans les magazines ». D'autres données viennent cependant mettre leur ombre au portrait de cet homme installé dans un certain confort social. C'est précisément leur aspect négatif qui l'emporte quand Vatanen décide de rompre avec celui qu'il a été jusqu'alors, dans le passé du récit. Cette identité d'hier est rejetée comme une illusion, une aliénation, qui rendait Vatanen trop différent de lui-même. Tout n'est que malentendu en effet : la femme épousée est une virago, un véritable dragon ; le journaliste ne pourfend pas l'injustice, il sert le marketing. La désillusion tient le registre des renoncements, des compromissions, de la perte de l'enthousiasme et d'un idéal. Le trompe-l'œil de la réussite s'effondre, précipitant le héros dans sa chute.

Un optimisme tragique – Il est en cela associé à l'ensemble d'une profession (p. 28) :

> Ses collègues, frustrés et cyniques, faisaient de même.

C'est d'ailleurs dans l'équipe professionnelle qu'il forme avec le photographe qu'il apparaît tout d'abord. Le texte insiste sur les similitudes entre les deux hommes (p. 19) :

> C'étaient un journaliste et un photographe en service commandé, deux êtres cyniques, malheureux. Ils approchaient de la quarantaine et les espoirs qu'ils avaient nourris dans leur jeunesse étaient loin, très loin de s'être réalisés. Ils étaient mariés, trompés, déçus, et avaient chacun un début d'ulcère à l'estomac [...].

Son mal-être est donc partagé. Il est sans doute plus social ou culturel que personnel. Le refus de Vatanen de poursuivre dans cette vie-là représente ainsi plus qu'une rupture avec lui-même : c'est avec la société qu'il faut prendre ses distances. Le photographe, qui incarne cette société, rentre seul et retourne à ses contradictions, ses remords et sa lâcheté qu'il noie dans l'alcool. Enfin seul, Vatanen peut commencer une vie qui lui appartienne vraiment.

En confrontant son personnage à l'inexorabilité du destin ainsi qu'à sa chute et à la révélation de la vérité sur lui-même derrière une illusion, Paasilinna inscrit son récit dans le registre tragique. Il commence cependant là où finit habituellement la tragédie : au lieu de nous mener jusqu'à la catastrophe et à ses conséquences malheureuses, il en part, en affichant un bel optimisme. Cette présence initiale du tragique participe pour beaucoup au ton du roman qui associe des éléments graves et sérieux à des éléments comiques et légers.

L'homme au lièvre

Chrysalide – On ne quitte cependant pas facilement une identité. Il est, juste après la mue, une période de transition où le corps nouvellement gagné est très fragile. Il faut du temps avant que le nouvel être s'habitue à lui-même et se tire d'affaire. L'ancien Vatanen n'est certes plus, mais le nouveau n'est pas encore, et le personnage évolue tout

Après sa rencontre avec le lièvre, tout change dans la vie de Vatanen : en quittant son costume de ville étriqué, il retourne à l'état sauvage, comme débarrassé de toutes les conventions sociales. *Le Chemin de Damas* de René Magritte (1898-1967) illustre bien cette idée de renaissance de l'homme.

d'abord dans une réalité qui ressemble aux limbes, aux marges de la société.

Il est ainsi pris trois fois pour un fou. Tout d'abord par sa femme qui lui déclare (p. 32) :

> Tu es devenu fou, tu es bien obligé de rentrer.

puis par son ami Yrjö :

> Dis-moi, comment se fait-il que tu acceptes de vendre ton bateau ? Tu as perdu la boule ?

et enfin par le couple des Laurila :

> Téléphone donc, tu vois bien qu'il est fou [...] Oui, chez les Laurila, venez tout de suite [...], c'est un fou.

Ces derniers font arrêter Vatanen qu'ils considèrent comme un individu dangereux, ce qui fait écho à la méprise de la jeune fille du kiosque rouge (p. 29) :

> T'es un criminel ?
> – Non... je te fais peur ?
> – Ce n'est pas ce que je voulais dire. Je pensais seulement, comme tu venais de la forêt.

Danger public – Le fou, le criminel appartiennent encore au corps social qui, faute de pouvoir les intégrer, réagit en tâchant de les exclure, de les enfermer. En rompant avec sa vie sociale, Vatanen doit d'abord traverser ces zones tampons que construisent contre lui ceux que son refus dérange, car il les remet eux aussi implicitement en question. Le traitement paroxystique de la scène chez les Laurila (chapitre 5) montre bien comment le sentiment de la différence entraîne une montée de la violence. La scène, qui commence par un simple regard : « La femme se redressa et regarda l'arrivant », s'enfle au moyen de la gradation suivante (p. 44-45) :

> Que faites-vous par ici ? demanda la femme d'un air soupçonneux. [...] Allez-vous-en. Vous ne pouvez pas rester ici. Partez immédiatement. [...] l'homme lui cria hargneusement de ne pas cogner à la porte. « J'ai une arme », hurla l'homme.

Vatanen, parce que privé de son identité, est devenu un individu suspect. Les policiers du chapitre 6, bien embarrassés, n'ont d'ailleurs rien d'autre à lui reprocher (p. 50) :

> Ce type n'a même pas de voiture, on ne sait pas d'où il sort. Est-ce même Vatanen ?

Le journaliste a bel et bien disparu dans la forêt, et l'homme qui porte encore son nom n'est plus guère identifiable que par un signe distinctif, original (p. 30 et 44) :

> La fille présenta Vatanen : « Voilà l'homme au lièvre. »

> Oui, chez les Laurila, venez tout de suite, [...] c'est un fou. Il a aussi un lièvre.

Vers la liberté – Vatanen n'a donc pas seulement rompu avec son existence sociale. Il a également conclu une alliance avec le monde sauvage en prenant la responsabilité du levraut blessé. La nature entre dans sa vie au moment où il sort de la société. C'est de cette collusion, mise en scène dans l'incipit, que va naître le nouveau Vatanen. Les autres hommes refusent tout contact avec la vie sauvage. « En principe, nous n'acceptons pas les animaux », déclare le maître d'hôtel, tandis que le garde-chasse s'étonne : « Vous l'avez adopté ? C'est strictement interdit par la loi, l'espèce est protégée. » Vatanen, au contraire, s'occupe du lièvre et refuse de s'en séparer. À travers cet animal, il va trouver le chemin vers l'être naturel qui est en lui et qui pourrait bien lui procurer la paix que la société n'a pas su lui garantir (p. 33-34) :

> Il arriva à la banque sur ses gardes, sans pourtant imaginer quel danger pouvait bien le menacer là. Vatanen songea que ces quelques jours de liberté avaient aiguisé son instinct, l'idée l'amusa et il entra dans la banque en étouffant un rire.

Le pressentiment du danger, la liberté et le rire lui sont déjà redonnés, remarquables caractéristiques de ce nouvel homme.

Paasilinna le moraliste

Trouver sa place dans le monde

Choisir, se déclarer pour tel mode de vie et contre tel autre, hiérarchiser ses besoins et ses envies, être honnête envers soi-même, reconnaître une erreur et donc chercher la vérité, tels sont les devoirs que Vatanen s'impose. Il interroge sa conscience et agit en conséquence, afin de se mettre en accord avec lui-même et avec le monde environnant. Il s'apprête à affronter l'inconnu, à prendre sa part de risques, plutôt que de persévérer dans le confort des anciennes compromissions. Le personnage répond donc à un impératif moral qui le somme de faire la part du bien et du mal, et de régler sa conduite selon ces valeurs. Mais à qui faut-il imputer ces valeurs ? De qui viennent-elles ?

La figure de l'auteur pointe en filigrane derrière celle du personnage. Tout comme ce dernier, Paasilinna a été journaliste : il connaît bien le milieu dont il parle, et il connaît mieux encore la nature où Vatanen va bientôt s'enfoncer. Lui aussi (la coïncidence peut difficilement être fortuite) est né en 1942. Même leurs prénoms sont proches : Arto évoque Kaarlo, et réciproquement. L'auteur semble donc bien être aussi celui qui juge et condamne ses contemporains, se dissimulant à peine sous les traits de son personnage. Le roman devient alors une tribune où il prononce un sévère réquisitoire contre la société. De fait, tout le mal incombe à celle-ci : mensonges, trahisons, lâcheté, cruauté y sont monnaie courante. La vie de couple et la vie professionnelle y sont des enfers. Tous les idéaux y sont trahis. Il faut donc la fuir.

Le Lièvre de Vatanen : un conte philosophique

Ces reproches sont cependant énoncés avec humour. C'est en effet en ridiculisant certains de ses personnages que l'auteur parvient à faire sentir sa réprobation envers le mode de vie et l'état d'esprit qui sont les leurs. La femme de Vatanen porte « d'horribles vêtements, laids et peu pratiques » et le photographe revient de son excursion nocturne et imbibée avec ses chaussettes dépassant de ses poches. Leur désordre extérieur est épinglé par un détail concret qui suffit à les discréditer aux yeux du lecteur qui s'amuse aussi de les voir bernés par Vatanen à la banque et à l'hôtel, par exemple. De façon comparable, le portrait moral du personnage principal est surtout à déduire de ses actes : il ne donne pas lieu non plus à de longs discours. Le soin que prend Vatanen de son lièvre suffit à signaler ce qu'il peut avoir de bon.

Le sérieux des propos n'empêche donc pas la légèreté du ton. Dans sa volonté édifiante, l'auteur privilégie la peinture, la situation, l'anecdote amusantes et laisse au lecteur le plaisir de conclure. Une complicité se noue alors, aux dépens de personnages rabaissés. Le procédé, qui relève de l'ironie, n'est pas sans rappeler le dispositif énonciatif des *Caractères* (1688) de La Bruyère, ou bien encore celui du *Candide* (1759) de Voltaire. Il permet en tout cas d'assimiler Paasilinna aux moralistes, et *Le Lièvre de Vatanen* à un conte philosophique : l'action met en valeur des principes susceptibles de conduire au bonheur, ou de le retrouver.

à vous...

1 – Montrez comment l'incipit de *La Douce Empoisonneuse* (traduction Anne Colin du Terrail, Folio n° 3830), autre roman de Paasilinna, prend en charge le passé de l'action.

Repérez les sommaires et les scènes.

Quelles attentes cet incipit et le titre du roman suscitent-elles chez le lecteur quant au contenu de l'histoire qui va suivre ?

Quels rapprochements peut-on faire avec l'incipit du *Lièvre de Vatanen* ?

> « Une avenante petite vieille dans un paisible décor champêtre, quel aimable tableau.
>
> Dans le jardin d'une maisonnette rouge, une frêle grand-mère s'affairait, un arrosoir jaune à la main, aspergeant d'eau sa bordure de violettes. Des hirondelles tournoyaient en gazouillant, haut dans le ciel limpide, des abeilles bourdonnaient, dans l'herbe somnolait un chat paresseux.
>
> Plus loin, à l'orée de la forêt, se dressait un petit sauna en

bois gris ; de la fumée bleue s'échappait de sa cheminée dans l'air de l'après-midi. Le sentier qui y conduisait passait près d'un puits sur le couvercle duquel étaient posés deux seaux en plastique rouge.

La propriété était ancienne, belle et bien entretenue. Au sud, à quelque deux cents mètres, on apercevait le reste de la bourgade, des maisons de maître, une serre en plastique, une grange et des étables, des carcasses de voitures rouillant derrière les bâtiments, à demi enfouies sous les orties. De l'agglomération parvenait le vrombissement irritant de mobylettes et, plus loin, le grondement régulier d'un train.

C'était, à cinquante kilomètres de Helsinki, au nord de la commune de Siuntio, le petit village de Harmisto, avec son épicerie, son bureau de poste, sa succursale du Crédit mutuel, son hangar industriel délabré et sa trentaine de fermes.

La petite femme emplit au puits quelques seaux qu'elle porta au sauna, faisant halte plusieurs fois pour se reposer en chemin. Dans l'étuve, elle tisonna le feu qui brûlait sous l'eau et les pierres et referma légèrement la tirette.

À première vue, l'on aurait pu croire qu'elle était née là, qu'elle avait vécu toute sa longue vie dans sa petite métairie où elle coulait maintenant les derniers jours sereins de son existence, à soigner ses violettes et son chat.

Balivernes. Elle avait des doigts fins, sans un cal. Jamais ses mains n'avaient trimé aux champs, fait les moissons ou trait les pis de dizaines de vaches dans les étables de riches domaines. Ses cheveux étaient coiffés comme à la ville, ses boucles blanches tombaient avec élégance sur ses épaules étroites autour desquelles était drapé un coquet châle en coton à rayures bleues et blanches. Elle avait plus l'air d'une châtelaine en vacances que d'une veuve de journalier affligée de varices et de pellicules.

La vieille dame était allée le matin même toucher sa pension au Crédit mutuel de Harmisto. On aurait pu penser qu'elle serait de belle humeur, en ce faste jour d'été, mais il n'en était rien. En réalité, la retraitée avait appris à haïr cette échéance mensuelle : chaque fois qu'elle encaissait

son dû, de détestables visiteurs venus de la capitale s'invitaient sous son toit. Il en allait ainsi depuis de nombreuses
années déjà, une fois par mois.

L'idée déprimait la vieille femme. Elle s'assit, sans force,
dans la balancelle en bois du jardin, prit son chat sur ses
genoux et soupira d'une voix lasse :

« Garde-moi, mon Dieu, des jours de paie. »

Elle tourna un regard inquiet vers le chemin vicinal par
lequel ses visiteurs helsinkiens avaient coutume d'arriver ;
elle aurait aimé jurer comme un charretier, ou comme un
soudard, mais s'en abstint, en veuve bien élevée qu'elle
était. Ses yeux se durcirent pourtant, étincelants d'une
haine farouche. La queue du chat se hérissa – lui aussi guettait la route.

La vieille dame partit rageusement en direction du
sauna, suivie de son matou. Après avoir jeté une rituelle
louchée d'eau sur les pierres brûlantes, elle ferma si sèche-
ment la tirette que les écailles de crépi tombèrent du
conduit de fumée sur le couvercle de la cuve.

Cette fragile personne âgée était la colonelle Linnea
Ravaska, née Lindholm. Elle avait vu le jour dans la capitale,
en 1910, et avait perdu son mari, le colonel Rainer Ravaska,
en 1952, l'année même des jeux Olympiques de Helsinki.
Aujourd'hui retraitée, elle habitait à Harmisto, près Siuntio,
dans cette maisonnette rouge sans autre confort moderne
que l'électricité. Son ménage de femme seule n'aurait pas
dû compter d'autres personnes à charge que son chat. Mais
tel n'était hélas pas le cas. La vieille colonelle filait en réalité un bien mauvais coton. »

**2 – Étudiez le portrait du garde-chasse Kärkkäinen, de «Un homme
jeune et grand sortit gourmander le chien» (p. 39) à «Devant la maison, les hommes se serrèrent chaleureusement la main» (p. 41).
Quel regard le narrateur porte-t-il sur ce personnage? Cherche-t-il à
le rendre plutôt sympathique ou plutôt désagréable?**

**3 – Lectures cursives
Lisez dans les *Fables* de La Fontaine celles qui ont le lièvre ou le**

lapin pour personnage principal. Quelles qualités ou quels défauts ces fables mettent-elles en lumière ?

4 – Vers la dissertation

Arto Paasilinna a déclaré : « Mon programme littéraire est simple : que le lecteur se sente bien et qu'il s'améliore un peu. » (*Libération* du 18 septembre 2003)

Répondez à la question suivante dans un paragraphe argumentatif : Pour vous, lire des romans, est-ce surtout un divertissement ou l'occasion de vous « améliorer » ?

Le président

Le commissaire avait, au bord d'un lac entouré de forêts, un petit sauna fait de vieux rondins empilés sur le marécage mouvant de la berge. Un chemin de planches conduisait à la cabane qui n'était qu'à quelques mètres de la rive.

« J'ai un collègue qui pêche avec moi, un type un peu spécial, assez intéressant. C'est le commissaire Hannikainen, de Kiuruvesi, il est à la retraite. »

Lorsqu'ils arrivèrent à la cabane, Hannikainen était assis le dos à la porte, au coin d'une cheminée d'angle. Il faisait griller du poisson. Hannikainen mit le gril de côté et leur serra la main. Il offrit aux arrivants du poisson chaud sur des morceaux de papier sulfurisé. Vatanen était affamé. Ils donnèrent au lièvre de l'herbe fraîche et de l'eau.

Les hommes sortirent, Vatanen bascula sur la couchette. Dans son demi-sommeil, il sentit le lièvre sauter à ses pieds, se lover dans une position confortable et s'installer lui aussi pour la nuit.

À l'aube, Vatanen entendit dans son sommeil les hommes revenir du lac, bavarder à voix basse devant la cabane et rentrer enfin dormir. Le commissaire s'installa sur les planches du sauna, Hannikainen sur le lit de la salle. Le lièvre leva la tête mais se rendormit aussitôt.

Au matin, Vatanen s'éveilla frais et dispos. Il était huit heures. La couche de Hannikainen était vide. Les pêcheurs venaient sans doute de se réveiller, ils faisaient du feu dehors. La bouilloire était accrochée à une perche. Hannikainen sortit des bretzels au beurre d'un sac en plastique. Des échassiers criaient sur le lac. Une brume matinale flottait à la surface de l'eau, la journée serait belle.

Après le café, le commissaire partit au village expédier les devoirs de sa charge. Le bruit de sa voiture s'éloigna pour disparaître au bout du chemin forestier.

Hannikainen alla chercher du lard, le découpa en tranches dans la poêle et fit frire les morceaux ; la graisse se mit à grésiller. Il versa sur le lard une boîte d'un demi-kilo de viande de bœuf et de porc. Le sauté fut bientôt prêt. Hannikainen coupa de larges tranches d'un grand pain de seigle, sur lesquelles il disposa du sauté brûlant qu'il tendit à Vatanen. Un délice. À Helsinki, Vatanen avait d'habitude du mal à avaler son petit déjeuner, mais ici il avait l'eau à la bouche.

Hannikainen donna à Vatanen la tenue de pêche du commissaire, bottes de caoutchouc et pull-over. Les chaussures de ville et le veston furent pendus à un clou sur le mur de la cabane. Ils y sont sans doute encore aujourd'hui.

Les hommes paressèrent toute la journée aux abords de la cahute, ils pêchèrent, firent cuire une soupe de poissons, lézardèrent au soleil en regardant les roseaux du lac. L'après-midi, Hannikainen sortit de son havresac une bouteille de vodka, fit crisser le bouchon et leur en versa à chacun une dose.

Hannikainen était un homme déjà âgé, de près de soixante-dix ans, les cheveux blancs, grand, volubile. Au fil des heures, les deux hommes firent connaissance. Vatanen raconta les étapes et les buts de ses voyages. Hannikainen se révéla être un veuf solitaire qui avait pris l'habitude de passer l'été à pêcher en compagnie du jeune commissaire. Il s'intéressait de près à l'actualité internationale et se plaisait aussi à méditer.

Vatanen se demandait ce que Hannikainen pouvait bien avoir de si extraordinaire pour que le jeune commissaire l'eût mentionné la veille au soir – jusqu'ici, rien d'inhabituel n'était apparu dans les manières de l'homme, à moins que l'on ne tienne pour étrange de pêcher sur un lac par une belle journée d'été.

La solution de l'énigme était proche.

Après le deuxième godet de vodka, Hannikainen se mit sérieusement à orienter la conversation vers le pouvoir de l'État. Il parla des responsabilités des gouvernants, de leur puissance et de leurs méthodes, et révéla qu'il étudiait ces questions depuis qu'il avait pris sa retraite. Bien qu'il eût été toute sa vie officier de police d'un commissariat de campagne, Hannikainen était étonnamment bien renseigné sur les régimes constitutionnels des États occidentaux, les nuances du parlementarisme, la justice dans les États socialistes. Vatanen écouta avec un vif intérêt les propos de Hannikainen sur ces grandes questions qui même en Finlande agitent souvent les spécialistes du droit constitutionnel.

Selon Hannikainen, la constitution finlandaise accordait au président de la République un pouvoir de décision beaucoup trop étendu dans les affaires de l'État. Quand Vatanen demanda à Hannikainen si le président Kekkonen n'avait pas su selon lui faire un usage exemplaire du pouvoir qui lui avait été échu, Hannikainen répondit :

«Je poursuis depuis plusieurs années certaines études sur le président Kekkonen… et j'en suis arrivé à une conclusion qui m'effraie moi-même. Je ne veux pas dire que je sois horrifié par sa façon de gouverner, je serais plutôt un partisan enthousiaste de son gouvernement, et pourtant… je me contente de recueillir des informations, je compare, je trie, je tire des conclusions. Le résultat est parfaitement effarant.

— Et qu'as-tu trouvé sur Kekkonen?

— J'ai gardé cette affaire strictement secrète, seul Savolainen est au courant, et un charpentier de Puumala. Aucun d'eux ne révélera les résultats de mon étude. Vois-tu, mes conclusions sont de nature à me valoir des ennuis si elles étaient publiées, peut-être même des ennuis juridiques, ou pour le moins la risée publique.»

Hannikainen regarda fixement Vatanen; ses yeux étaient de glace.

«Je suis un vieil homme, peut-être un peu sénile… mais je ne suis pas encore totalement débile. Si tu veux savoir ce que j'ai découvert, il faut me promettre de ne jamais utiliser ces informations contre moi ni contre qui que ce soit.»

Vatanen promit de bon cœur.

«Il s'agit d'une chose si grave que je ne peux que te demander de garder le secret sur ce que je te dirai, j'exige que tu n'en révèles jamais rien.»

On voyait que Hannikainen brûlait de partager son secret. Il revissa le bouchon de la bouteille de vodka, l'enfonça dans la mousse et se dirigea d'un pas alerte vers la cabane. Vatanen le suivit.

Contre le mur de la baraque, entre la fenêtre et la table, il y avait une grande valise marron usagée que Vatanen avait déjà remarquée le soir précédent mais sans lui accorder grande attention, Hannikainen posa la valise sur le lit et fit sauter les ferrures. Le couvercle s'ouvrit brusquement, révélant d'innombrables documents et photographies entassés.

«Je n'ai pas encore classé la totalité de mes archives… mon étude est encore en cours, mais le principal est ici. Tu vas pouvoir facilement te faire une idée de la chose.»

Hannikainen sortit de la valise des papiers, d'épaisses liasses tapées à la machine, quelques livres, des photos qui représentaient toutes le président Urho Kekkonen dans différentes situations. Les livres aussi avaient trait à Kekkonen : il y avait là des recueils de discours rédigés par le président lui-même, les livres de Skyttä et quelques autres ouvrages parlant de Kekkonen ; il y avait même dans le tas un choix d'histoires drôles. Il y avait parmi les documents un grand nombre de graphiques et Vatanen remarqua qu'eux aussi concernaient Kekkonen.

Hannikainen choisit quelques dessins sur papier millimétré qui reproduisaient soigneusement des croquis en coupe de crânes humains.

«Regarde ça», dit Hannikainen en désignant à la clarté cireuse de la fenêtre de la cabane deux crânes juxtaposés. «Tu vois la différence?»

À première vue, les deux figures semblaient identiques, mais à les regarder de plus près elles étaient effectivement légèrement différentes.

«La figure de gauche représente le crâne d'Urho Kekkonen en 1945, c'est-à-dire tout de suite après la guerre. Cette autre représente son crâne en 1972. J'ai tracé ces figures après des années de recoupements – ma méthode consiste à projeter sur un écran des photographies ordinaires de sa tête, bien entendu dans différentes positions, puis à en tracer le contour sur du papier. Ce procédé s'applique facilement à Kekkonen, puisqu'il est chauve. La méthode est très lente et demande une précision extrême, mais j'ai à mon avis obtenu d'excellents résultats. Je dirais que ces mesures crâniennes sont les plus précises que l'on puisse généralement obtenir, on ne pourrait arriver à une plus grande précision que dans un institut de pathologie, là ce sont les crânes mêmes qui sont à la disposition des chercheurs.»

Hannikainen sortit de ses cartons un autre dessin de crâne.

«Et voilà le crâne de Kekkonen au moment de la formation de son troisième gouvernement. Tu peux constater qu'il est exactement semblable au crâne de 1945.»

«Et voilà un crâne de 1964, encore le même. Maintenant, regarde celui-là, un crâne de 1969! Différent! Compare-le ensuite à ce dessin de 1972, tu trouveras de nouveau des similitudes.»

Hannikainen présentait ses dessins, très excité, les yeux fiévreux, le sourire triomphant. Vatanen examinait les schémas et dut convenir que les dessins de Hannikainen correspondaient à ses descriptions : les crânes étaient différents, les plus anciens divergeaient des plus récents.

«Le changement s'est produit au cours de l'année 1968, peut-être à la fin de 1968 ou au plus tard dans les six premiers mois de 1969. Je n'ai pas encore réussi à déterminer plus précisément la date exacte du changement, mais je poursuis toujours mon étude et je suis certain de pouvoir parvenir à une approximation juste, à un ou deux mois près. Quoi qu'il en soit, je suis actuellement en mesure de prouver qu'un changement s'est produit, et que ce changement est significatif.»

Hannikainen fit une pause. Il déclara ensuite d'un ton pénétré :

«J'affirmerai sans détour que ces coupes crâniennes ne correspondent pas au crâne de la même personne. Les différences sont trop importantes, indéniablement trop : ces anciens crânes, c'est-à-dire ceux qui datent de la jeunesse de Kekkonen, ont par exemple une calotte crânienne légèrement plus pointue, alors que sur les figures plus récentes, la forme du crâne est nettement plus aplatie, et la calotte est définitivement plus arrondie. Et regarde la mâchoire : sur les vieilles photos, le menton de Kekkonen est plutôt fuyant ; sur ces clichés récents, le menton est plus saillant de plusieurs millimètres et les pommettes sont plus basses. C'est cette image de profil qui le montre le mieux. L'occiput aussi présente des différences, quoique moindres. Sur les anciens profils, il est légèrement plus concave que sur les plus récents, regarde ! Avec l'âge, l'arrière du crâne ne saille pas plus, mais s'aplatit au contraire, crois-moi.

— Tu penses que le crâne de Kekkonen a changé de forme aux alentours de 1968.

— Je prétends bien autre chose ! Je suis convaincu qu'aux alentours de 1968 l'"Ancien Kekkonen" est mort ou a été assassiné – ou s'est retiré pour une raison quelconque de la vie publique – tandis qu'un nouvel homme, identique en tout point et jusqu'à la voix au précédent, l'a remplacé.

— Et si Kekkonen avait été malade à cette époque, ou qu'il ait eu un accident qui ait modifié la forme de son crâne.

— Ces modifications crâniennes sont telles que s'il s'était agi d'une maladie ou d'un accident, l'un ou l'autre aurait exigé plusieurs mois de soins. D'après mes recherches, le président Kekkonen n'a jamais pu se résoudre, tout au long de sa vie, à abandonner la scène publique plus de deux semaines d'affilée. Et qui plus est, je n'ai jamais pu repérer de cicatrices sur aucune photo montrant son cuir chevelu ; des verrues, oui, mais rien qui évoque une intervention chirurgicale n'est apparu en 1968. »

Hannikainen rempila les figures crâniennes dans la valise et déplia un grand tableau traversé sur toute sa largeur par une courbe agrémentée de chiffres.

« Voilà la courbe de croissance de Kekkonen. Les premiers chiffres remontent à son enfance… les plus anciens ne sont pas exacts au centimètre près, mais ils sont absolument fiables à partir du moment où Kekkonen a été nommé sergent, voilà même une photocopie de son livret militaire. Tu vois : depuis l'âge où il était sergent, Kekkonen a mesuré 1,79 m… voilà encore la même mensuration au moment des funérailles de Paasikivi… et regarde maintenant ! On arrive à l'année 1968 : la courbe augmente tout à coup de deux centimètres. Et voilà Kekkonen qui mesure soudain 1,81 m. Puis la courbe reste stationnaire jusqu'en 1975, et aucune modification en vue. Une crise de croissance aussi brutale sur ses vieux jours, c'est bien étrange ! »

Hannikainen écarta la courbe de croissance du président. Il exhiba fiévreusement un autre tableau. La courbe de poids de Kekkonen y était soigneusement reproduite.

« Celle-ci n'a bien sûr pas la même valeur de preuve que les précédentes, mais elle révèle certains indices. Le poids de Kekkonen a très peu varié à partir du moment où il a atteint l'âge mûr. Il s'est maintenu dans les limites d'un cycle annuel : à l'automne, Kekkonen a toujours pesé plus lourd, jusqu'à un maximum de 4,5 kg de plus qu'au printemps. C'est au début de l'été qu'il a sans exception atteint son poids minimum, pour regrossir à l'automne jusqu'à son poids précédent. J'ai obtenu ces informations du service de la médecine du travail de Helsinki et elles sont donc tout à fait fiables. Mais pour pouvoir suivre l'évolution sur plusieurs décennies et comparer chaque année aux autres, j'ai dû établir des moyennes annuelles qui figurent sur cette courbe-ci. Tu verras que de 1956 à 1968 Kekkonen a pesé en moyenne annuelle 79 kilos, et 84 kilos après 1968. Cette prise de poids de 5 kilos a persisté jusqu'à aujourd'hui sans autre modification que les variations saisonnières dont je te parlais tout à l'heure. En tout et pour tout, ce n'est que pendant les deux premières années électorales que l'on trouve un fléchissement de la courbe, de 2 kilos, et cet amaigrissement, bien qu'il entraîne une baisse de la moyenne annuelle, est assez naturel et ne modifie pas fondamentalement l'aspect de la courbe.»

Hannikainen produisit encore d'autres preuves à l'appui de ses dires.

«J'ai dressé une liste du vocabulaire employé par Urho Kekkonen. Là aussi, la même différence se répète après 1968. Avant 1968, Kekkonen utilisait un vocabulaire nettement moins riche qu'après. D'après mes calculs, son vocabulaire s'est enrichi de 1 200 mots actifs. Cela peut, bien sûr, être dû au fait que le "Nouveau Kekkonen", comme je l'appelle, a utilisé à partir de 1968 de nouveaux rédacteurs pour ses discours et déclarations, mais un accroissement de vocabulaire aussi important est très révélateur. J'ai aussi constaté que les opinions de Kekkonen ont connu après 1968 une évolution considérable. Dès 1969, les prises de position de Kekkonen sont apparues plus progressistes, comme s'il avait rajeuni d'au moins dix ans. Son sens logique aussi s'est nettement amélioré – j'ai analysé son comportement dans cette optique avec une grande précision – un changement positif évident s'est produit encore une fois dans le courant de 1968. Et en 1969 encore, Kekkonen s'est révélé en quelque sorte plus gamin, il a fait en public certaines blagues qu'il n'aurait jamais faites avant. Son sens de l'humour s'est très nettement développé et il est devenu beaucoup plus tolérant vis-à-vis de ses concitoyens.»

Hannikainen referma la valise. Il était maintenant tout à fait calme. L'exaltation disparue, Hannikainen semblait à présent parfaitement heureux.

Les hommes sortirent de la cabane, un courlis criait sur le lac. Ils restèrent longtemps silencieux. Hannikainen dit enfin :

«Tu comprends sûrement maintenant qu'il n'est pas bon d'aller colporter de pareilles découvertes.»

8

L'incendie de forêt

Le lièvre prenait goût à la vie lacustre. Il suivait Hannikainen et Vatanen dans leurs expéditions, montait même courageusement dans la barque, bien qu'il fût évident qu'il craignait l'eau. Il grandissait, grossissait et se fortifiait.

Hannikainen tenait de longs discours sur le président Kekkonen. Le lièvre regardait les hommes du fond de la barque, la tête inclinée sur le côté, ses crottes roulaient au milieu des poissons. Et les jours passaient ainsi au bord du lac, sans que personne éprouve le besoin de s'en aller ailleurs.

Un matin de la fin juillet, le lièvre manifesta des signes d'inquiétude. Il collait aux talons des hommes et l'après-midi il alla se cacher sous la banquette du sauna.

«Qu'est-ce qui le travaille?» s'interrogèrent-ils.

Le même soir les hommes perçurent une forte odeur de fumée. Quand la surface du lac se calma pour la nuit, ils purent voir descendre autour du marécage une chape de fumée bleutée.

«Il y a quelque part un grand incendie de forêt», dit Vatanen.

Le lendemain matin la fumée s'épaissit au point de leur brûler les yeux. Il y avait du vent sur le lac, mais toujours plus de fumée. Elle couvrait la contrée comme un lourd brouillard marin.

Au matin du troisième jour de fumée, Savolainen franchit au pas de course le chemin de planches qui menait à la cabane.

«Il y a un grave incendie à Vehmasjärvi. Vatanen, tu dois rejoindre les équipes de secours. Prends le sac à dos de Hannikainen et des provisions. Je fais passer le mot dans tous les villages, nous partons tout de suite. Ils ont déjà perdu plus de mille hectares.

– Je dois venir aussi?, demanda Hannikainen.

– Non, reste là avec le lièvre. Les plus de cinquante-quatre ans ne sont pas mobilisables.»

Vatanen fourra dans son sac du poisson, du lard, une livre de beurre et du sel et partit. Le lièvre fut leurré dans la baraque le temps que Vatanen disparaisse.

Vatanen fut conduit du village de Nilsiä à Rautavaara, où se trouvaient déjà des centaines d'hommes, dont une partie revenait du front de l'incendie et une autre se préparait à y aller. Des avions transportaient des vivres de Rautavaara au lieu du sinistre, ils vrombissaient sans discontinuer dans le ciel. Les hommes couverts de suie et épuisés qui revenaient de l'incendie parlaient peu de la situation, ils allaient dormir sous les tentes.

Le vieux pharmacien de Rautavaara avait organisé au milieu des tentes une sorte d'antenne de soins où, avec l'aide de sa fille, il bandait les pieds couverts d'ampoules des secouristes et les baignait d'eau boriquée. La télévision interviewait apparemment le secrétaire de mairie de Rautavaara. La rédactrice de *L'Écho du Savo* prenait des photos, Vatanen aussi eut droit aux honneurs de la presse. Une roulante distribuait la soupe à tous les amateurs.

On cherchait des hommes ayant des notions d'orientation. Vatanen déclara qu'il était capable de s'orienter sur n'importe quel terrain avec un seau sur la tête.

Une troupe du même acabit fut rassemblée dans un lourd hélicoptère de l'armée.

Avant le décollage de l'engin, un officier expliqua son rôle au groupe :

«Vous avez chacun une photocopie des cartes de la région. On y a reporté la progression de l'incendie. C'est là qu'il s'est arrêté la nuit dernière, mais il n'y est plus. Il avance maintenant en feu de cime vers le nord-est, à une vitesse infernale. La nuit prochaine, on va dégager un nouveau coupe-feu à onze kilomètres de là, on laissera plus de deux mille hectares brûler pendant la nuit. Enfin la moitié est déjà partie en fumée. C'est le plus grand incendie de toute l'histoire de la Finlande, si on ne compte pas Tuntsa. Alors on va vous déposer là, sur la trajectoire de l'incendie, et vous allez vous déployer en ligne à cent mètres d'intervalle et couvrir au moins dix kilomètres en direction du nord-est en vous égosillant aussi foutrement fort que possible, pour que la faune du coin fuie l'incendie. Il y a aussi deux maisons, vous les évacuez vers le lac là, et il faut aussi vérifier qu'il ne reste personne d'autre dans la zone de feu. En plus, d'après nos renseignements, il y a du bétail dans ces bois, il s'en est échappé depuis Nilsiä. Il y a des chevaux et une cinquantaine de vaches de misère, il faut les mener jusqu'au lac. Vous avez le lac sur la carte, ici.»

Ils survolaient l'incendie. La fournaise sous eux semblait rayonner jusqu'à l'appareil. L'air était si épais de fumée que l'on apercevait à peine le sol. L'appareil tanguait dans les courants d'air brûlant, et Vatanen craignait que les longues pales du rotor principal ne se brisent, précipitant l'hélicoptère dans le brasier qui ronflait plus bas.

L'hélicoptère dépassa la zone dc feu. Dans le fracas des rotors, il se prépara à se poser comme une grande libellule, les tuyaux d'échappement crachaient dans l'air chaud une fumée bleutée. Plus l'appareil militaire descendait et plus les cimes des arbres ondoyaient fort. Pour finir, les pommes de pin qui jonchaient le sol tourbillonnèrent en tous sens dans les remous brûlants ; l'appareil toucha le sol et le vacarme décrut.

Les hommes sautèrent de l'appareil et coururent pliés en deux par la pression des remous hors de portée des pales. La porte claqua et les rotors reprirent leur tintamarre, l'appareil disparut dans le ciel enfumé. Les hommes restèrent au milieu des bois à frotter leurs yeux larmoyants.

Vatanen se plaça au centre de la chaîne. Les hommes se dispersèrent dans la forêt, des cris retentissaient dans les bois enfumés. Vatanen se dit que la vie était pleine de surprises : il y a un mois encore, il était assis, morose, au bistrot du coin avec un verre de bière tiède à la main et, maintenant, il était dans ce désert brûlant, enveloppé de fumée, le sac plein de poissons humides, la sueur aux fesses.

« Plutôt mille fois ici qu'à Helsinki », sourit Vatanen à travers ses larmes.

Le terrain descendait vers un creux humide. Un gros lièvre brun y sautillait sans savoir où aller. Vatanen le chassa dans la direction opposée à l'incendie, l'animal disparut. Au-delà du creux, dans une sapinière touffue, une vache affolée beuglait. Elle avait été si profondément choquée par ses pénibles expériences qu'elle avait attrapé la colique ; la merde l'avait éclaboussée jusqu'au haut des flancs, sa queue semblait une guenille noire malodorante. La vache fixait Vatanen de ses yeux mouillés agrandis par l'effroi et un meuglement dément jaillit de sa grosse gorge haletante. Vatanen empoigna la vache par les cornes, tourna de toute la force de ses épaules la tête de la bête vers le nord-est et lui botta l'arrière-train. La vache comprit enfin où elle devait aller. La cloche au cou de la malheureuse carillonna comme le tocsin d'un couvent, la boue vola dans son sillage. La vache disparut à l'horizon. Vatanen s'essuya les yeux, qui débordaient de larmes.

Toutes sortes d'animaux couraient dans la forêt : des écureuils, des lièvres, des oiseaux terrestres qui s'envolaient bruyamment pour se reposer aussitôt ; il fallait chasser les coqs de bruyère comme des poules dans les champs pour qu'ils comprennent enfin dans quelle direction filer. Vatanen arriva à un ruisseau, une claire rivière de quatre mètres de large. La fumée planait au-dessus des berges touffues du ruisseau, le paysage était d'une beauté féerique.

Vatanen se débarrassa de ses vêtements pleins de sueur et se laissa glisser nu dans l'onde fraîche, baigna ses yeux rougis, fit gicler l'eau pure dans sa bouche. Vatanen trouva qu'en comparaison de son pataugeage dans la fumée, cette baignade tranquille dans le ruisseau avait un goût de paradis. Il nagea lentement vers l'amont, le ruisseau serpentait plaisamment. L'eau ruisselait lentement à sa rencontre, un sentiment profond de bonheur envahit le nageur.

Soudain Vatanen aperçut dans les hautes herbes de la rive une main d'homme, une main velue, tannée. Elle pointait au travers des herbes et reposait dans l'eau jusqu'au coude.

Vatanen se raidit : la main semblait celle d'un mort. Il nagea jusqu'à la main, s'en saisit. La main ne gisait pas seule, elle se rattachait à un gros homme affalé, la bouche ouverte dans les broussailles de la berge. Vatanen sortit de l'eau et se pencha sur l'homme étendu à terre. Il lui prit le pouls. Ce dernier battait normalement. Vatanen approcha son visage de la bouche de l'homme afin de vérifier s'il respirait bien.

Une épouvantable odeur de gnôle s'exhalait de son haleine. Vatanen secoua l'homme qui commença lentement à reprendre ses esprits.

L'homme bascula sur le dos, fixa un moment Vatanen, comme s'il cherchait à le reconnaître, puis tendit la main.

«Je m'appelle Salosensaari, et toi?

– Vatanen.»

Quand les hommes se furent serré la main, Vatanen aida l'autre à s'asseoir.

«Écoute, tu as devant toi un homme qui a vraiment une malchance phénoménale.»

L'homme s'expliqua. Il avait pris des vacances et décidé de passer deux semaines à pêcher et à distiller de la gnôle dans un coin où il serait sûr d'avoir la paix. Il était donc venu dans ces forêts avec tout son matériel, avait installé un petit alambic, et quand les dix premiers litres avaient été prêts, cet incendie s'était déclaré et avait détruit la distillerie. L'homme avait dû fuir le feu, un bidon de gnôle de dix litres sur l'épaule, et voilà où il en était. Son sac et ses vivres avaient brûlé, tout était perdu, son matériel de pêche, tout. Il ne lui restait que sa première cuvée de gnôle. Cela faisait déjà deux jours que l'homme était là au bord du ruisseau à boire son tord-boyaux. Il en restait encore plusieurs litres.

«Tu imagines une poisse pareille», fit tristement l'homme.

Vatanen alluma un feu de camp au bord du ruisseau, fit griller du poisson, ils mangèrent tous deux. Salosensaari alla un moment se baigner. Après le repas, il offrit de la gnôle à Vatanen.

Pourquoi pas. Vatanen prit et but. Sacrée gnôle! Elle chauffait l'estomac, Vatanen but un deuxième gobelet.

«Salosensaari, tu es un fabuleux bouilleur de cru.»

Les hommes passèrent tout l'après-midi à boire. Plusieurs fois, ils grillèrent du poisson et allèrent nager. Plus ils buvaient et moins la question de l'incendie de forêt les intéressait.

À la tombée du soir, ils étaient si soûls qu'ils n'arrivaient plus qu'à grand-peine à s'extraire du ruisseau où ils s'écroulaient par moments pour se rafraîchir. Le ruisseau était si profond qu'ils avaient par endroits de l'eau jusqu'au cou.

«Faut faire attention de ne pas se noyer», répétait Salosensaari.

Dans la nuit, l'incendie atteignit le ruisseau.

C'était féerique : les arbres flamboyants illuminaient la nuit, ils palpitaient telles de grandes fleurs rouges des deux côtés du ruisseau. La chaleur était insupportable au point que les hommes durent rester pendant l'incendie au milieu du ruisseau, la tête seule exposée à la brûlure des lueurs rougeoyantes. Ils avaient dans leur ruisseau la bonbonne de gnôle, ils la buvaient et contemplaient avidement la formidable destruction orchestrée par la nature.

La forêt crépitait, le feu ronflait dans les arbres, des brandons chuintants volaient dans le ruisseau, les visages des hommes émergeaient rouges et luisants au-dessus de l'eau. Ils riaient et buvaient de la gnôle.

«Néron et Brutus regardent Rome brûler», proclama Salosensaari.

Quand à l'aube l'incendie se fut éloigné, les hommes épuisés sortirent du ruisseau et s'endormirent aussitôt sur la berge noircie.

Ce ne fut que vers midi que les hommes s'éveillèrent. Ils s'éloignèrent du ruisseau chacun de son côté, se serrèrent la main en signe d'adieu. Salosensaari coupa au plus court vers Rautavaara et Vatanen mit le cap sur le lac où les évacués avaient été conduits. Les motifs en caoutchouc de la semelle de ses bottes fondaient sur la cendre du chemin.

L'incendie avait été stoppé à quelques kilomètres de là, Vatanen franchit le coupe-feu et entra dans la forêt verdoyante. Il atteignit bientôt le lac où s'étaient rassemblés les civils et le bétail. Les maisons de ces gens avaient sans doute brûlé; les enfants chahutaient au bord de l'eau, les vaches effrayées meuglaient dans le pré. Les hommes qui avaient travaillé à éteindre l'incendie étaient allongés sur la berge, semblables à des bûches carbonisées.

Vatanen offrit le restant des poissons de son sac aux femmes qui entreprirent d'en faire de la soupe, dans une grande marmite sur un feu de camp. Vatanen allait s'endormir quand un lourd bulldozer s'approcha en grondant de la berge. Il venait de la zone incendiée, écrabouillant la forêt sous lui, même les grands pins tombaient sous son étrave comme des épis sous les pas d'un ivrogne. Il y avait à l'arrière du bulldozer une grande remorque métallique où étaient assis quelques scieurs, des tronçonneuses et des sacs à leurs pieds.

Le bulldozer s'avança en grondant au milieu du terrain, les enfants émergèrent en pleurs de leur sommeil, les vaches dans le pré furent prises de panique, se levèrent et se mirent à beugler. Les femmes injurièrent le chauffeur qui était si brusquement venu détruire la paix fatiguée de la berge.

Le chauffeur n'entendait pas ce que les femmes lui criaient, il éteignit le moteur et les regarda d'un air ahuri, ce devait être difficile de saisir des voix humaines après le grondement de l'engin.

«Espèce d'andouille, arriver comme ça au milieu des gens et des bêtes, ça ne t'est pas venu à l'esprit qu'avec ce bruit, les enfants vont se réveiller et les vaches s'emballer», hurlaient les femmes. Le chauffeur de l'engin essuya d'une main pleine de suie son visage noirci et rétorqua tranquillement : «Vos gueules, sorcières.

— Un peu de respect, bonhomme !» crièrent les femmes outrées.

Le chauffeur s'approcha d'elles : «Ça fait trois jours que je ne dors pas et que je conduis ce bordel, alors vos gueules »

Ça se voyait. L'homme avait l'air totalement éreinté. La sueur avait coulé sur son visage, charriant la suie, et ses traits ravagés semblaient copiés au carbone. L'homme se dirigea vers l'eau, lava son visage noirci dans le lac, lampa de l'eau dans ses mains, se gargarisa bruyamment et recracha l'eau dans le lac. Il revint le visage mouillé, ne voulant pas s'essuyer dans ses manches pleines de suie. La marmite de soupe de poisson mijotait sur le feu, l'homme alla voir, sortit une assiette de son sac et entreprit de se servir de la soupe.

Les femmes crièrent stop! pour qui te prends-tu, manger notre soupe de poisson, en plus. L'homme avait eu le temps de verser dans son assiette une louche de potage odorant, il n'en prit pas plus, mais balança soupe et assiette dans la marmite avec une grande éclaboussure ; l'homme jeta la louche si loin dans la forêt qu'on ne l'entendit pas retomber. Il partit lentement vers son bulldozer, sauta lestement sur le siège, mit l'énorme engin en marche. Il pressa sa lourde botte sur l'accélérateur, le moteur vrombit, des étincelles jaillirent du tuyau d'échappement dans l'air du soir. Le véhicule se mit bruyamment en branle, les larges chenilles pulvérisèrent dans leur sillage la terre foulée de la rive.

Le conducteur dirigea son lourd engin directement sur le feu de camp et la marmite de soupe de poisson qui fumait au-dessus. Arrivé près du feu, l'homme enfonça la lame profondément dans le sol. Une couche d'humus d'un mètre d'épaisseur se découpa du terrain, le foyer et la marmite se renversèrent et furent broyés sous la lame dans les profondeurs du sol, un nuage de vapeur s'éleva de la soupe avant que toute la cuisine ne disparaisse ; il ne resta plus qu'un fossé profond d'un mètre menant au lac. Trois odeurs flottaient dans l'air : la senteur de l'humus, la puanteur du naphte brûlé et le fumet évanescent de la soupe de poisson.

L'homme, au lieu d'arrêter son tracteur une fois le foyer détruit, le poussa au contraire à pleine vitesse. L'engin se frayait un chemin à travers le talus de la berge, la terre tremblait, les chenilles grinçaient, le conducteur dirigea l'énorme machine droit sur le lac. Les buissons de la rive ployèrent sous la poussée de l'engin, la surface calme de l'eau se fendit, une grosse vague écumeuse se dressa devant la lame et s'éloigna de la rive vers le milieu du lac. On aurait cru un hippopotame d'acier se ruant furieusement dans l'onde.

Le fond du lac descendait en pente douce : l'eau recouvrit d'abord la lame, puis les chenilles ; l'eau éclaboussa les galets, les grincements se muèrent en clapotis. Le bulldozer chassait la vague devant lui, toujours plus loin sur le lac. L'eau atteignit bientôt le moteur chauffé à blanc : on entendit monter des borborygmes quand l'eau du lac se mit à bouillir contre les flancs du moteur et un épais nuage de vapeur s'épanouit dans les airs comme si le bulldozer venait soudain de prendre feu.

Mais le conducteur menait toujours son véhicule plus profond : l'eau monta jusqu'au moteur, le treuil disparut sous la surface, bientôt la vague lécha le capot. Puis le lac se fit encore plus profond, l'eau atteignit les fesses du conducteur. Au même moment, le moteur aspira de l'eau et s'éteignit en toussant. Le bulldozer gisait dans le lac à une centaine de mètres de la rive.

Les gens sur la berge regardaient effarés l'homme échoué sur le lac qui se tourna sur son siège, se mit lentement debout sur le plancher de la cabine, le pantalon dégouttant d'eau. Il se tourna vers le rivage, cria au bout d'un instant d'une voix forte :

«Ça vous a cloué le bec.

– Le manque de sommeil lui est monté à la tête», murmuraient les femmes sur la rive.

Les hommes qui avaient éteint l'incendie crièrent vers le lac :

«Tu as renversé la soupe de poisson, bordel.»

L'homme répondit tranquillement : «Ben oui, elle s'est renversée.

– Reviens à la nage», crièrent-ils à l'homme. Mais l'homme, au lieu de suivre leur conseil, monta sur le capot du tracteur dont la surface surnageait seule hors de l'eau. Il prit appui sur le tuyau d'échappement, enleva ses bottes et en vida l'eau dans le lac.

Quelqu'un sut expliquer que le conducteur ne savait pas nager et que c'était pour cela qu'il ne revenait pas à la nage.

Il n'y avait pas non plus de barque sur le lac. Il fallait construire un radeau. Les scieurs jurèrent. Ils étaient épuisés par la nuit passée sur le front de l'incendie, et maintenant, il fallait encore construire un radeau pour un conducteur d'engin fou perché au milieu du lac sur le capot de son bulldozer.

«Faites un radeau, bon sang, que je puisse sortir de là, cria le conducteur du milieu de l'eau.

— Pas la peine de crier, on le fera si on en a envie. Quel con d'aller se fourrer là.»

Les hommes discutaient entre eux. Quelqu'un déclara qu'on aurait bien le temps de construire ce radeau le lendemain matin, que ça lui apprendrait à conduire son engin dans l'eau, de passer la nuit sur son capot.

Les hommes décidèrent de faire du café avant de se mettre au travail. Le conducteur sur le lac s'énervait, ne voyant personne s'occuper du radeau. Il hurla des menaces au-dessus de la surface immobile de l'eau, cria enfin que dès qu'il serait sur la berge, il casserait la gueule de chaque bonhomme.

«Il est vraiment timbré», conclurent ceux de la berge.

L'homme sur le lac écumait d'une rage toujours plus terrible, il frappa du poing la tôle du bulldozer, éveillant un grondement sourd qui roula sur le lac; les oiseaux aquatiques se dressèrent sur leurs ailes et s'envolèrent paniqués dans les roseaux de la rive opposée.

Les hommes aux tronçonneuses, malgré tout, bâtirent une sorte de radeau, lièrent les troncs par des cordes, taillèrent une perche et se retirèrent en haut de la rive pour dormir. Personne ne semblait désireux d'aller sauver le conducteur en furie.

«Le premier qui me tombe sous la main, je le piétine dans les marais», cria le conducteur du haut de son engin.

On examina la situation. Aller chercher sur un petit radeau de fortune cet homme hors de lui, solidement charpenté, qui n'avait pas dormi depuis des jours, n'intéressait personne. On décida d'attendre le lendemain pour récupérer l'homme sur son capot, dans l'espoir qu'il serait calmé d'ici là.

Toute la nuit, le conducteur d'engin tempêta sur le lac. Il abreuvait de cris furieux les hommes restés sur la berge qui ne prenaient plus la peine de lui répondre, sa voix se fit rauque à force de hurler. Il brisa à coups de pied les lanternes du tracteur, arracha le tuyau d'échappement et le lança vers la berge; le tube de tôle manqua heureusement la rive. L'homme ne se fatigua que vers l'aube, il dormit quelques heures à plat ventre sur le capot, au lever du soleil.

La berge s'éveilla à l'heure du café, l'homme sur le capot de son engin se réveilla aussi aux bruits sur la rive. Il se déchaîna à nouveau, glissa sur la tôle et culbuta dans le lac.

La berge entra en effervescence. L'homme battait l'eau près de sa machine, la voix terrifiée. On mit le radeau à l'eau. Vatanen et l'un des scieurs poussèrent frénétiquement sur la perche pour amener le radeau jusqu'à l'engin. Le conducteur cherchait désespérément à regagner la sécurité de son bulldozer, mais ses mains glissaient sur le capot mouillé et l'homme retombait chaque fois en arrière, s'enfonçant sous la surface, de l'eau plein les poumons. Sa lutte était sans espoir et bientôt il coula complètement; il flottait là, la face dans l'eau, on voyait sa colonne vertébrale au-dessus de la surface, à travers sa chemise mouillée.

Vatanen avait réussi à conduire le radeau sur les lieux, l'homme fut hissé dessus ; on retourna son corps inerte sur le flanc. Vatanen le souleva par sa ceinture, de l'eau et de la boue coulèrent de sa bouche. Le scieur empoigna la perche pour regagner la rive. Vatanen s'agenouilla sur le radeau et entreprit de faire du bouche-à-bouche au noyé. Il pressait en cadence la cage thoracique de l'homme.

On porta le conducteur sur la berge où Vatanen continua à pratiquer la respiration artificielle.

Cinq minutes passèrent avant que l'homme ne donne signe de vie. Son corps se raidit, puis ses mains se mirent à trembler et, enfin, Vatanen entendit les dents du conducteur claquer en se refermant, et la langue du sauveteur faillit bien lui rester entre les dents.

Dès qu'il eut repris conscience, l'homme attaqua son sauveteur, Vatanen dut lutter un moment contre lui avant que les autres n'aient la présence d'esprit de venir à son aide. Il fallut la force de plusieurs hommes pour maîtriser le conducteur. On l'attacha avec des cordes à une souche qui se dressait sur la berge, assis le dos contre le tronc.

« Forte nature, dirent les hommes.

– Si vous ne me détachez pas, j'arrache la souche », menaça le prisonnier sans pourtant essayer de réaliser sa promesse mais en marmonnant : « Sacredieu, abandonner toute la nuit sur un lac un homme qui ne sait pas nager, la police en entendra parler. »

Quelques militaires vinrent chercher l'homme. Ils l'emportèrent dans la forêt sur une civière à laquelle il fallut l'attacher.

On entendit dans la forêt un tapage épouvantable qui ne décrut qu'au bout d'un long moment, quand la civière fut déjà à plusieurs kilomètres.

9

Dans les marais

Un nouveau jour se levait. Vatanen fut tiré du sommeil par des bruits de voiture : trois jeeps s'étaient frayé à travers bois un chemin jusqu'au lac. Des hommes arrivaient dans les jeeps, avec parmi eux les deux commissaires, Hannikainen et Savolainen. Hannikainen portait un sac à dos et de l'ouverture du sac dépassait un nez de lièvre.

Vatanen se précipita vers les arrivants, s'empara du sac de Hannikainen, défit les cordons et serra le lièvre dans ses bras. Heureuses retrouvailles !

Le lièvre reniflait Vatanen avec un joyeux enthousiasme. Quand Vatanen le posa à terre, il resta dans ses jambes comme un jeune chiot.

Savolainen prit la direction des opérations, il avait été chargé de surveiller l'évacuation des habitants et du bétail. Hannikainen l'avait suivi par curiosité – le temps avait dû lui sembler long au bord de son petit lac quand les copains étaient partis éteindre le feu.

« J'ai tellement attrapé de brochets que j'ai dû aller les vendre dans les villages. J'en ai profité pour t'apporter le lièvre, expliqua Hannikainen. J'ai laissé mes recherches en plan », ajouta-t-il.

Hannikainen prit Vatanen à part, murmura :

« J'ai fait quelques calculs, là-bas sur le lac. D'après moi, le président Kekkonen, c'est-à-dire le nouveau, gouvernera sans doute encore la Finlande en 1995. Selon mes calculs, le "Nouveau Kekkonen" n'aura alors que soixante-quinze ans, alors que le vieux en aurait eu quatre-vingt-dix. Je crains que la chose n'attire malheureusement l'attention à l'étranger, car ils ne sauront évidemment pas ce qu'il en est en réalité. »

Hannikainen ajouta encore : « Il est théoriquement tout à fait possible que Kekkonen gouverne le pays jusqu'au-delà de l'an 2000. Il n'aurait alors que quatre-vingt-cinq ans. Je pense tout de même qu'il n'oserait plus se porter candidat aux élections au prochain millénaire. »

Sur la berge, on montait de grandes tentes, on faisait chauffer des marmites, on distribuait des couvertures aux gens. On avait déchargé d'une des jeeps un grand treuil qui fut installé au bord de l'eau. Il devait permettre de ramener sur la terre ferme le bulldozer qui gisait dans le lac.

Vatanen alla dans le pâturage aider la jeune femme qui y trayait les vaches, car il n'avait rien de précis à faire. La femme avait rempli trois seaux en plastique de lait de vache. Vatanen aida à porter le lait à la source. Bientôt, le lièvre aussi vint sautiller près du bétail. La femme, Irja Lankinen, fut immédiatement conquise :

« Oh ! qu'il est mignon !

– Tu veux le prendre pour la nuit ? »

Irja voulait bien.

« Je te le laisse pour la nuit à condition que tu me prennes aussi. D'accord ? »

Le soir venu, ils se retirèrent tous les trois pour la nuit dans une grange. Vatanen avait porté des couvertures dans leur abri. Irja apporta de la soupe des tentes. Elle fit les lits dans le fond de la grange. Vatanen ferma la porte, le soleil disparut, on entendit à l'intérieur :

« Arrête, il nous regarde. »

La porte de la grange s'ouvrit en coup de vent. Le lièvre vola par la porte, Vatanen le jetait sur le pré. La porte se referma, le lièvre penaud resta assis dans la pénombre. Une demi-heure plus tard, Vatanen passa la tête au-dehors, demanda pardon au lièvre de l'avoir expulsé. Le lièvre se glissa dans l'ouverture, la porte se referma encore une fois. Tout était silencieux, les courlis mêmes se taisaient sur le lac.

Au matin, Savolainen demanda à Vatanen s'il pouvait s'occuper avec Irja de mener les vaches à travers la forêt jusqu'à la route de Sonkajärvi, à une douzaine de kilomètres de là ; une fois les vaches sur la route, on les embarquerait dans des bétaillères pour les conduire dans les étables sonkajärviennes. Vatanen accepta la tâche avec plaisir, il lui semblait fort agréable de pouvoir aller garder les vaches avec Irja. Il prit joyeusement congé de Savolainen et de Hannikainen, qui déclara :

« Si tu passes un jour par Nilsiä, viens me voir, mes recherches seront sans doute terminées. »

La journée était superbe. Ils prirent la route en chantant, le soleil brillait, rien ne pressait. Les vaches pouvaient tranquillement s'arrêter pour brouter les branches des fossés, et, vers midi, ils les laissèrent s'allonger quelques heures pour ruminer. Pendant ce temps, les vachers allèrent se baigner, Irja se laissa couler, somptueuse avec ses seins opulents, dans la fraîcheur de l'étang forestier.

L'après-midi, une grosse vache brune commença de se plaindre. Elle gémissait doucement, fermant ses yeux humides, et ne voulut plus poursuivre son chemin avec le reste du troupeau. Elle ne mangeait même plus comme les autres, buvait seulement de l'eau. Elle s'éloigna du troupeau, se dirigea en geignant faiblement entre deux arbres, appuya son flanc contre l'un, se retourna pour regarder Irja.

«Celle-là, elle va sûrement vêler bientôt», dit Irja soucieuse. Vatanen ne trouvait pas la vache particulièrement plus ventrue que les autres, mais Irja devait être plus au courant. «Si on n'arrive pas bientôt sur la route, elle va vêler ici dans les bois, dit Irja.

— Et si je partais devant chercher un vétérinaire à Sonkajärvi, dit Vatanen.

— Foutaises. Qu'elle vêle ici, une vache saine. Tu es assez fort pour porter le veau.»

Au bout d'un moment, la vache se mit à gratter le sol et arqua le dos, on voyait qu'elle avait des douleurs. Elle meuglait par instants, des cris que l'on n'aurait jamais imaginé sortir d'une vache. Irja parlait à la vache d'un ton rassurant, elle répondait en geignant doucement. Finalement, elle se coucha.

Une heure plus lard, Irja dit à Vatanen :

«Elle met bas, viens m'aider à tirer.»

Le veau sortait lentement, la vache gémissait de douleur, il fallait tirer de toutes ses forces. Puis le veau tomba sur le sol, la vache s'était remise sur ses pattes avant de mettre bas. Le veau était visqueux et la vache se mit à le lécher, elle avait retrouvé tout son calme.

Vatanen creusa un trou à une centaine de mètres de distance et y enterra le placenta. Puis il revint près d'Irja et du veau. Le veau essayait de se mettre sur ses pattes, mais il culbutait sans arrêt, il était encore bien jeune. Téter, il savait, il se mettait à genoux sous la vache et suçait goulûment.

Un veau nouveau-né ne pouvait évidemment pas traverser la forêt jusqu'à la route. Fallait-il le tuer ? Certes non. Irja et Vatanen se mirent d'accord : Irja partirait devant avec le troupeau et Vatanen prendrait le veau sur l'épaule et suivrait avec la mère.

Vatanen sortit une couverture de son sac, attacha les coins avec de la ficelle et réussit à en faire une sorte de sac qu'on pouvait porter sur le dos. Il fit rouler le veau dans ce sac de feutre ; il meuglait de peur, mais qu'y faire, seul il était encore incapable de se déplacer. La vache contemplait placidement l'emballage du veau dans la couverture de feutre.

Vatanen jeta le veau sur son dos, ses sabots lui effleuraient la nuque au rythme de la marche. Le lièvre ne savait trop que faire, il sautillait nerveusement dans ses jambes, mais il se fit bientôt au lent cheminement. Vatanen marchait devant, le veau sur l'épaule, à travers bois, derrière lui venait en silence la vache, pensive, qui léchait de temps en temps la tête du veau, puis le lièvre qui gambadait en queue de la procession.

Vatanen s'étonnait que le veau n'attrape pas la colique, secoué au creux de la couverture au rythme de ses pas. Mais après tout, il avait été ballotté pendant plusieurs mois dans le ventre de la vache. Quelle expédition. Vatanen suait sous le poids du veau. Les moustiques aussi s'étaient mis de la partie, ils se fourraient dans les narines, et impossible de les chasser avec les deux mains agrippées à la ficelle et le sac à dos en plus dans le chemin, côté ventre.

« La vie est parfois bien dure, quand on aime les bêtes », marmotta Vatanen en recevant en pleine figure la branche de sapin d'un bosquet.

Mais Vatanen n'était pas au bout de ses peines.

Il se dirigeait droit sur un marécage, décidé, pas question de faire le tour, il y en aurait pour un kilomètre. Il s'avança dans le marais, la surface semblait tenir. La vache hésitait à le suivre mais quand Vatanen se retourna pour l'appeler, elle se décida. Le sol était mouvant, mais Vatanen calcula qu'avec un été aussi sec, la tourbière supporterait bien le poids d'une vache, et d'ailleurs, les vaches de ces fermes isolées savent marcher dans les marécages.

Mais vers le milieu, le marais perdit de sa solidité. La vache suivait Vatanen, le sol se dérobait sous elle, elle dut se mettre à courir pour ne pas s'enfoncer dans le marécage. Les bourbiers étaient peu sûrs, il fallait les contourner le long des mottes de sphaigne. Vatanen même dut prendre le pas de course dans les endroits les plus meubles et parvenu à mi-chemin, sa botte s'englua dans la boue. Vatanen arracha brutalement son pied du marécage, la botte resta dans la fange, et l'autre s'englua aussi ; pieds nus, Varanen réussit à grand-peine à gagner un endroit plus sec.

Derrière lui retentissaient des meuglements. Vatanen inquiet se retourna. La lourde vache avait héroïquement suivi les traces de l'homme, mais elle ne pouvait plus avancer. Elle s'était enfoncée jusqu'au ventre dans la tourbière et gisait là immobile, beuglant sa détresse.

Vatanen lâcha le veau sur la mousse et courut aider la vache. Il essaya de la tirer par les cornes vers un terrain plus sec, mais la force d'un seul homme n'a jamais suffi à arracher toute une vache d'un marais par les cornes.

Vatanen ne perdit pas de temps. Il sortit une hache de son sac, courut à cinquante mètres de là jusqu'à des arbres morts dressés dans la tourbière, en abattit quelques-uns, les débarrassa de leurs moignons de branches pointus et retourna auprès de la vache. Elle s'était encore enlisée un peu plus profondément.

Vatanen glissa les perches sous le ventre de la vache. L'animal semblait comprendre qu'on lui voulait du bien et ne se débattit pas, malgré le frottement certainement douloureux des perches. La vache cessa de s'enfoncer. Vatanen entreprit de la soulever, mais sans grand succès. La vache était maculée de boue noire. Le lièvre étonné tournait en rond.

«Si tu faisais quelque chose, toi aussi», grogna Vatanen à l'adresse du lièvre en hissant la vache hors du marais. Mais le lièvre ne fit rien pour l'aider, incompréhensif et faible qu'il était.

Vatanen s'interrompit pour aller rassurer le veau sur son îlot de sphaigne, dénoua les morceaux de corde des bords de la couverture, les attacha bout à bout et partit nouer l'extrémité de la corde à l'épaule de la vache. L'épaule plongeait profondément dans la vase et Vatanen fut bientôt couvert de boue de la tête aux pieds.

La corde attachée à l'épaule de la vache atteignait tout juste une vieille souche encore debout. Vatanen l'y noua solidement.

«Maintenant, si tu t'enfonces, la souche viendra avec», dit-il à la vache.

La vache amarrée à l'arbre écoutait calmement ces propos, elle ne meuglait plus, voyant l'homme s'agiter autour d'elle.

Vatanen fit un tourniquet sur la corde, il sépara les brins, enfonça un bout de bois dans la fente et commença à tourner. La corde se tendit bientôt. La jambe de la vache sortit lentement du marais, l'animal aidait tant qu'il pouvait. Vatanen desserrait par moments le tourniquet, allait soulever par-derrière en faisant attention de ne pas blesser les pis ; la vache bougeait petit à petit en direction de la souche.

S'y reprenant à plusieurs fois, Vatanen hala la vache vers la souche à l'aide du tourniquet, retourna la soulever, calma la bête.

Tout à cette affaire, Vatanen ne vit pas filer le temps et s'aperçut à peine que le soir tombait. La fatigue se faisait sentir, mais il ne pouvait pas laisser la vache dans le marais pour la nuit.

« Dur, de garder les vaches. »

À minuit, Vatanen avait si bien réussi à hisser la vache qu'elle put s'en tirer seule. La bête s'arracha à la vase dans un dernier effort et, sentant sous elle la terre ferme, elle se coucha aussitôt. Vatanen conduisit le veau vacillant sur ses pattes près de sa mère et s'endormit lui aussi sur la petite éminence. À l'aube, pris par le froid, Vatanen se lova contre le flanc de la vache. Il y faisait chaud comme au coin d'un poêle.

Au matin, le soleil levant révéla un équipage barbouillé de fange noire. Une vache boueuse, un homme boueux, un veau boueux et un lièvre boueux s'éveillaient. La vache lâchait des bouses, le veau tétait du lait, Vatanen fuma une cigarette. Puis il porta le veau de l'autre côté du marécage. La vache le suivit avec une prudence renouvelée et, parvenue sur l'autre rive, elle se retourna vers le marais pour lui adresser un beuglement courroucé.

Dans le premier étang d'eau claire, Vatanen lava la vache et le veau et rinça ses vêtements, il n'avait plus de bottes, elles étaient restées dans le bourbier. Pour finir, Vatanen lava le lièvre qui resta longtemps outré du procédé.

Quand Vatanen parvint enfin avec son bétail à la route de

Sonkajärvi, une bétaillère vide l'attendait accompagnée d'un groupe d'hommes fatigués qui avait en vain cherché Vatanen tout le soir et la nuit. Les autres vaches avaient été emmenées la veille au soir et une Irja inquiète était partie avec elles. Vatanen aussi prit la bétaillère jusqu'à Sonkajärvi et se trouva bientôt planté au milieu de la grand-rue dans ses vêtements maculés de suie et de boue, le lièvre dans les bras, pieds nus.

Dans l'église

Vatanen passa la nuit dans une auberge, il dormit mal dans un bon lit, habitué qu'il était à la vie au grand air. Le lendemain matin, il acheta dans un magasin des bottes, une chemise, des sous-vêtements, un pantalon, tout. Il jeta ses vieux vêtements sales dans une poubelle.

La matinée était belle et chaude, un samedi, en plus. Vatanen se promenait dans les rues du village, il tomba sur le cimetière en cherchant pour le lièvre un coin où brouter.

Les plantations des tertres semblaient au lièvre une nourriture splendide. L'ivraie de printemps sur les tombes des défunts lui plaisait tout particulièrement.

L'église était ouverte. Vatanen appela le lièvre et entra avec lui dans l'église. Quelle fraîcheur délicieuse, quelle paix ! Vatanen avait renoncé à la religion depuis fort longtemps, mais cela ne l'empêchait nullement de savourer le silence de la grande salle.

Le lièvre sautilla le long de l'allée centrale de l'église, dépassa les rangées de bancs, laissa tomber devant l'autel quelques crottes innocentes et entreprit ensuite d'explorer plus méthodiquement l'église. Vatanen s'assit sur un banc, examina la peinture d'autel, l'architecture de l'édifice. Il estima que l'église comptait près de six cents places. Elle était en partie construite sur deux étages : des deux côtés de la nef couraient des galeries qui se rejoignaient dans le fond sous les orgues. Des escaliers de bois conduisaient aux galeries de chaque côté de l'autel. Le clair-obscur des hautes fenêtres étroites créait une ambiance paisible, assoupissante.

Vatanen ramassa les crottes de lièvre devant l'autel et les fourra dans sa poche. Il se glissa entre les derniers rangs près de la nef latérale, ôta ses belles bottes neuves, disposa son sac sous sa tête sur le banc d'église et s'installa pour une sieste. Il était plus agréable de dormir là qu'à l'auberge ; le regard pouvait se perdre dans les hauteurs chrétiennes du plafond et le silence des colonnes en bois de pin patinées de cantiques était agréable, comparé aux motifs graisseux du papier peint crevassé de la chambre d'auberge. Le lièvre s'occupait sans bruit à la porte de la sacristie. Qu'il y reste, songea Vatanen en s'endormant.

Vatanen dormait quand un vieil homme entra dans l'église, le pasteur, vaquant à ses affaires religieuses. Il portait l'habit de son ministère, uniforme noir et rabat. L'homme contourna l'autel d'un pas décidé pour entrer dans la sacristie, sans remarquer le lièvre au coin de la porte qui suivait ahuri la prestation de l'homme en robe noire.

Le pasteur revint bientôt de la sacristie avec dans les bras une gerbe de cierges et une masse de papier froissé, sans doute leur emballage. L'homme gravit les marches de l'autel, retira des chandeliers les cierges à demi consumés et les remplaça par des neufs. Il emporta les bouts de chandelle dans la sacristie et réussit du même coup à se débarrasser de la boule de papier.

Le pasteur alluma les cierges et recula dans l'allée pour admirer son œuvre. Il tapota la poche de son pantalon sous sa cape, faisant tinter une boîte d'allumettes. Le pasteur sortit une cigarette, l'alluma, la fuma en soufflant systématiquement la fumée dans la direction opposée à l'autel. Comme la cigarette tirait à sa fin, il l'écrasa sur l'appui de fenêtre en pierre de l'église, souffla la cendre sur le sol, cacha le mégot dans la boîte d'allumettes et fourra la boîte dans sa poche. Pour finir, il tritura l'ourlet de sa soutane comme pour se laver de son péché de tabagisme.

Le pasteur retourna dans la sacristie. En revenant, il avait à la main quelques feuillets de papier, sans doute des textes de sermons.

C'est alors qu'il aperçut le lièvre, qui était arrivé à l'autel; il s'était permis de déposer quelques crottes sur le lieu saint et il reniflait maintenant les fleurs coupées sur les marches de l'autel.

Le pasteur fut tellement surpris que ses papiers lui échappèrent des mains, volèrent en se balançant doucement sur le sol.

«Doux Jésus.»

Le lièvre sauta de l'autel et disparut dans l'allée de la nef latérale.

Vatanen s'éveillait. Il se souleva sur sa couche, vit le lièvre filer au fond de l'église et le pasteur essuyer lentement la sueur d'étonnement de son front.

Vatanen baissa la tête à l'abri du dossier des bancs et resta là à suivre le cours des événements. Le vieux pasteur se remit assez vite de sa frayeur. Il se faufila comme l'éclair dans l'allée de la nef latérale, vit le lièvre à son extrémité, assis sur deux pattes. Attitude gracieuse, jolie bête.

«Petit petit petit, petit petit!» appela le pasteur, mais le lièvre se méfiait de l'invite; l'ecclésiastique était si agité que l'animal subodorait le danger.

Le pasteur se rua au fond de l'église à une vitesse qu'on n'aurait pas imaginée chez un aussi vieil homme et voulut emprisonner le lièvre sous sa robe. Il ne réussit pas, le lièvre était plus rapide.

«Il est agile, mais il faudra bien l'attraper.»

Le lièvre revint à l'autel par l'autre côté de l'église. Le pasteur légèrement essoufflé suivit l'allée centrale dans la même direction. Comme il approchait, le lièvre se précipita vers l'escalier menant à la galerie. Le pasteur ne suivit pas immédiatement l'animal. Il rassembla ses papiers épars sur le sol, les posa en bon ordre sur la balustrade de l'autel et remarqua soudain les crottes de lièvre.

Le pasteur renfrogné cueillit les crottes de l'autel et les jeta une à une dans la chaire; il fit mouche à tous les coups. Après s'être reposé un instant, l'homme d'Église monta l'escalier de la galerie. Les grosses poutres du plancher grincèrent sous les pas du pasteur qui marchait vers le fond de la galerie. L'homme se propulsa soudain dans un galop sonore : le lièvre était en vue. L'animal s'enfuit, le pasteur cria :

«N'aie pas peur, quel fauve tu fais, sauvage… je finirai bien par t'attraper, petit petit!»

Le lièvre affolé courut du côté opposé jusqu'à l'escalier, le dévala et alla se blottir derrière l'autel contre la porte de la sacristie. Le vieil homme d'Église fit le même tour au pas de course et dégringola l'escalier. Tout haletant, il ne vit pas le lièvre tapi dans l'entrebâillement de la porte de la sacristie.

L'homme jeta un coup d'œil à sa montre, alla au portail, fit claquer le verrou. Il revint ensuite doucement le long de l'allée centrale de l'église, comme un chasseur aux aguets. C'est alors qu'il vit le lièvre.

«Pris au piège, sacrebleu», marmonna le pasteur en passant à côté de Vatanen. L'air indifférent, il se dirigea droit sur l'autel, à quelques mètres du lièvre, qui crut qu'on ne l'avait pas vu.

De l'autel, le vieil ecclésiastique fit un bond terrifiant vers le lièvre à la porte de la sacristie. Ses bras grands ouverts se refermèrent sur l'animal qui resta coincé sous l'homme. Le lièvre poussa un cri de petit enfant, aigu et pitoyable. Puis il parvint à se libérer de l'étreinte du vieillard et se rua à l'aveuglette vers la porte de l'église.

«Bordel de Dieu.»

Le pasteur gisait sur le ventre à la porte de la sacristie, une touffe de poils de lièvre dans la main.

Le temps que Vatanen se précipite, le pasteur s'était relevé et était sorti en courant de l'église ; par la fenêtre, Vatanen vit l'homme sauter sur sa bicyclette et pédaler frénétiquement vers le presbytère. Quelques instants plus tard, le pasteur remontait à coups de pédale rageurs la colline de l'église. Vatanen eut à peine le temps de se cacher entre les bancs que le pasteur entrait en coup de vent.

L'ecclésiastique se dépêcha vers l'allée centrale. Là, il s'arrêta et sortit des replis de sa robe un mauser. Il vérifia la position du chargeur et ôta le cran de sûreté. Les yeux de l'homme brillaient dans la pénombre de l'église, il cherchait le lièvre du regard.

Le lièvre était pelotonné près de l'autel. L'apercevant, le pasteur leva son arme et tira. Le lièvre épouvanté boula hors d'atteinte, un peu de fumée plana dans l'allée. Le pasteur s'ébranla lourdement à la poursuite du lièvre, on entendit dans la nef latérale deux coups de feu. Les balles sifflaient dans l'église. Vatanen baissa la tête à l'abri des bancs, comme un patron de saloon du Fat West.

Le pasteur fit encore deux fois le tour de l'église, trottant derrière le lièvre, tirant à chaque tour. Courant encore une fois dans l'allée centrale vers l'autel, il s'arrêta pour regarder le retable et se figea horrifié : une balle de mauser s'était fichée dans la peinture d'autel. Elle représentait le Sauveur accroché à sa croix ; la balle avait transpercé la rotule du Christ.

Le mauser cracha une fois encore, vers le sol et visiblement par erreur. Le pasteur gémit et leva le pied droit. L'arme fumante lui échappa des mains, il se mit à pleurer. Vatanen courut à lui, ramassa l'arme tombée à terre.

La balle avait traversé la chaussure vernie noire du pasteur par le milieu du pied. Un sang noir s'échappait sous la semelle. Il y avait un trou dans le plancher de l'église à l'endroit où l'homme avait tenu son pied.

« Je suis le pasteur Laamanen », pleurnicha l'homme en équilibre sur un pied en tendant la main à Vatanen. Vatanen lui serra la main, faisant attention de ne pas renverser le pasteur.

« Vatanen. »

Laamanen sautilla à cloche-pied jusqu'à la sacristie, à chaque bond du sang coulait de la chaussure sur le sol. Vatanen essuyait avec son mouchoir le sang sur le plancher de l'église ; frais, il partait facilement.

« Je me suis laissé emporter en voyant ce lièvre. J'ai cette arme depuis 1917, j'étais dans les chasseurs, lieutenant dans les chasseurs. Mais qu'est-ce qui m'a pris ? Une balle s'est perdue dans le retable. Dieu pourra-t-il jamais me pardonner d'avoir tiré dans le genou de son fils unique, et dans sa propre maison, encore. »

L'homme pleurait. Vatanen n'était pas très heureux non plus. Il proposa d'aller au presbytère appeler une ambulance.

«Non, non! Soyez gentil, aérez l'église de cette odeur de poudre, j'attends la fille du secrétaire de mairie pour son mariage. On va juste mettre un pansement, je dois d'abord marier ce couple. Seriez-vous assez aimable pour ramasser les douilles dans l'église, s'il en traîne dans les allées. Balancez-les dans les coins.»

Vatanen alla ouvrir les fenêtres de l'église, la fumée bleue flotta doucement vers la colline. Il trouva quelques douilles, les mit dans ses poches. Dans la sacristie, il banda provisoirement le pied de Laamanen avec une petite nappe d'autel qu'il déchira en lanières. Laamanen avait des semelles à l'intérieur de ses chaussures – Vatanen les échangea. Il mit la semelle ensanglantée, percée par la balle, dans la chaussure intacte et la semelle intacte dans le soulier transpercé par la balle ; les deux chaussures étaient à nouveau pour ainsi dire étanches. La semelle empêcherait au moins un certain temps le sang qui suintait du pansement de couler sur le sol.

On entendait déjà des voix du côté de l'église. Les futurs mariés étaient arrivés avec leurs familles. Le pasteur boitilla jusqu'à la porte de la sacristie. Vatanen ouvrit la porte et guida Laamanen à l'autel. Dans l'église, Laamanen s'avança d'un pas égal, comme si de rien n'était.

Vatanen s'installa le temps de la cérémonie de mariage au dernier banc de l'église, le lièvre aussi rôdait là. Il sauta sur les genoux de Vatanen.

Laamanen maria le couple en homme expérimenté. Il se tint debout sans broncher pendant toute la cérémonie. Après avoir béni le jeune couple, il fit un bref discours, les yeux humides. Quelques femmes traduisirent cette humidité à leur manière et se mirent à verser des pleurs. L'atmosphère était pleine de piété, émouvante. Les hommes toussaient dans leurs mains aussi discrètement que possible.

« Dieu lui-même a institué le mariage, et ce jeune couple devra lui aussi s'en souvenir. Car ce que Dieu nous a donné dans Sa grande miséricorde doit être sanctifié et non brisé. Mais nombreux sont les vils dangers qui guettent le mariage, et l'un de ces dangers est la jalousie. La jalousie rôde comme un lion affamé et emporte les esprits impurs. Vous éprouvez aujourd'hui un profond sentiment d'unité et d'amour partagé, mais un jour viendra où quelqu'un d'autre vous paraîtra peut-être encore plus cher. Et je veux que vous vous rappeliez alors ces mots de l'Évangile : "Qu'importe ! De toute manière, que ce soit sous un faux prétexte ou que ce soit sincèrement, Christ est annoncé ; je m'en réjouis et je m'en réjouirai encore." Cette sentence de la Bible est extraite des Épîtres de Paul aux Philippiens, chapitre Ier, verset 18, et je vous livre ces pieuses paroles pour soutenir votre union. Reprenez-les dans vos heures de doute, lisez-les ! Le crépitement des amours interdites s'apaisera et votre âme retrouvera la paix. Je vous souhaite à tous deux un mariage radieux. »

Laamanen remit aux mariés une Bible à couverture blanche et leur serra la main. Il resta campé sur place jusqu'à ce que la noce se soit écoulée de l'église. Quand il vit la porte se refermer, il souleva précautionneusement le pied. Il laissa sur le plancher de l'église une grande trace sanglante.

Vatanen alla au presbytère appeler un taxi de Kuopio. En l'attendant, le pasteur Laamanen resta étendu sur un banc d'église, sanglotant doucement.

«Je me demande ce que donnera ce mariage, que j'ai béni symboliquement parlant avec des vêtements couverts de sang.»

«Mon cher Vatanen, jurez-moi au nom de Dieu omniscient que vous ne raconterez jamais ce qui s'est passé dans cette église.»

Vatanen jura. Le taxi arriva; avant d'y monter, Laamanen s'agenouilla devant la peinture d'autel, joignit les mains et pria :

«Pardonne-moi, Jésus, fils unique de Dieu, de ce que je T'ai fait, mais au nom de Dieu, ce qui est arrivé était un accident!»

Vatanen dit au chauffeur de taxi de conduire rapidement le pasteur aux urgences de l'hôpital de Kuopio. Laamanen monta en boitant dans la voiture qui disparut bientôt sur la route poussiéreuse.

Vatanen s'allongea sur un banc d'église, le lièvre dormait lui aussi, par terre. La fatigue se faisait sentir. Le silence qui régnait à nouveau dans l'église les berça tous deux dans le sommeil.

L'aïeul

À la fin du mois de juillet, Vatanen se fit embaucher à Kuhmo pour débroussailler les coupes ; il nettoyait à la serpe les taillis trop touffus des flancs de collines sablonneux et vivait sous la tente en compagnie du lièvre toujours plus fidèle et presque de taille adulte.

Vatanen accomplissait son travail de force sans se préoccuper de l'heure, s'endurcissait, oubliait de plus en plus sa vie mollassonne dans la capitale ; les discussions politiques avec des prosélytes n'étaient plus là pour lui peser et les femmes avides ne s'offraient pas dans les forêts de Kuhmo au crible des regards masculins, il se désintéressait de l'idée fixe du sexe.

N'importe qui peut mener ce genre de vie, à condition de savoir renoncer d'abord à son autre vie.

Vatanen avait défriché la forêt sans interruption pendant deux semaines. Son travail était terminé, les plants sélectionnés disposaient de l'espace vital qui leur était nécessaire ; il était temps de regagner la ville de Kuhmo pour encaisser la paye.

Sur la rive du lac Lentua, il y avait un petit village où Vatanen arriva vers minuit. Dix kilomètres de marche l'avaient fatigué, il aurait bien aimé s'arrêter dans une maison, mais le village dormait et Vatanen ne voulait réveiller personne au milieu de la nuit.

Vatanen entra donc dans une remise en rondins sans fenêtre qui se dressait dans la cour d'une grosse ferme, jeta son sac contre le mur et s'endormit sur le plancher. Il fait bon dormir dans le noir, sans être harcelé par les moustiques, et pour quiconque vit dans les bois c'est un délice. Le lièvre, lui, semblait inquiet; il renifla plusieurs fois tout autour de la remise, il y flottait une odeur de poisson pourri. Ils auront mis des ides en caque avec trop peu de sel, se dit Vatanen, et il s'endormit sans plus se soucier de l'odeur douceâtre.

Sur le coup de six heures, Vatanen s'éveilla, se leva, les membres raides, dans la remise obscure, se massa le visage et songea que la maisonnée s'éveillerait sans doute bientôt; il pourrait avoir du café. Le lièvre était couché près du mur derrière le sac. Il avait l'air de ne pas avoir dormi de la nuit, tellement il était nerveux.

Vatanen s'avança au milieu de la remise, heurta un obstacle qu'il n'avait pas remarqué dans la nuit. Il le palpa, sa main tomba sur une grosse cheville plantée dans une planche. Un établi. Au beau milieu de la pièce.

Vatanen fit le tour de l'établi, s'appuyant dessus dans le noir. Il sentit une étoffe sous sa main. Surpris, il explora en tâtonnant la surface de l'établi.

Il y avait là un homme, semblait-il, endormi sous un drap. Il devait avoir le sommeil bien profond, pour n'avoir pas entendu Vatanen entrer au milieu de la nuit.

«Debout, camarade», dit Vatanen; mais il n'obtint pas de réponse. Le dormeur semblait ne rien entendre, en tout cas, il n'y eut aucun signe de réveil. Vatanen tâta plus soigneusement le dormeur : c'était bien un homme étendu sur l'établi, sous un drap de lit, sans oreiller. Les bras le long du corps, pas de bottes aux pieds, un gros nez. Vatanen secoua doucement le dormeur, le souleva en position assise, lui parla. Puis il décida d'ouvrir la porte, la lumière le réveillerait. En faisant un pas vers la porte, Vatanen sentit la manivelle de l'étau de l'établi s'accrocher dans sa poche, tout l'ensemble bascula et le dormeur glissa sur le sol. On entendit le choc sourd de sa tête heurtant le plancher. Vatanen ouvrit précipitamment la porte, vit à la lumière un vieil homme étendu par terre sans connaissance.

«Il s'est cogné la tête», s'affola Vatanen. Il revint à l'homme, chercha anxieusement son cœur sans pouvoir déterminer s'il battait ou non; l'homme en tout cas semblait s'être assommé en tombant. Vatanen prit peur. Il souleva délicatement le vieillard inconscient dans ses bras et sortit dans la cour. Là il examina le visage de l'homme à la claire lumière du matin. Un visage ridé, calme, les yeux clos. Vatanen se dit qu'un aussi vieil homme pouvait aussi bien mourir de sa chute de l'établi, il fallait agir vite. L'homme inanimé reposait en travers de sa poitrine comme sur un plateau. Vatanen courut au milieu de la cour avec l'intention de porter le blessé dans le corps de ferme, mais heureusement une jeune femme était apparue sur les marches, des pots à lait à la main. Vatanen cria qu'il y avait eu un accident et resta planté au milieu de la cour, le vieillard inanimé dans les bras.

«Je peux vous expliquer, appelez quelqu'un qui s'y connaisse en réanimation!»

La fille aussi paniqua. Les bidons de lait s'échappèrent de ses mains potelées et roulèrent en s'entrechoquant jusqu'au puits. La femme disparut dans la maison et Vatanen resta sur la pelouse, l'homme sur les bras. Il lui semblait que l'état du vieillard ne faisait qu'empirer. Une vague de pitié submergea Vatanen, il n'avait pas voulu causer ce malheur.

Sur les marches de la maison apparurent des gens en petite tenue, le maître de maison, la maîtresse de maison, la jeune femme de tout à l'heure. Mais ils étaient eux aussi si choqués qu'ils ne rejoignirent pas Vatanen pour tenter d'aider à la réanimation.

«Il n'y a pas de balancelle, ça pourrait rétablir la respiration», expliqua Vatanen aux gens pressés sur le perron; mais ils restèrent sans voix, personne ne vint l'aider.

Le maître de maison parla enfin : «C'est notre grand-père. Va le reporter.»

Vatanen ne savait que penser. «Va le reporter» résonna un temps dans son esprit. Vatanen regarda le «grand-père» qui reposait tout raide entre ses bras. L'une de ses paupières était entrouverte, Vatanen aperçut l'œil.

C'est alors qu'il comprit. Il tenait un homme mort dans ses bras. Mort depuis belle lurette. Une sensation d'horreur accabla Vatanen, il lâcha l'homme qui tomba dans l'herbe. Le maître de maison se précipita au bas des marches, hissa le défunt sur son dos. Il ballottait dangereusement, mais le maître de maison assura sa prise et porta le corps dans la remise, le plaça sur l'établi, remit le drap, ferma la porte et revint dans la cour.

«Tu as profané le grand-père, l'homme.»

Vatanen entendit à peine car il vomissait derrière le puits.

Ils s'expliquèrent.

Il apparut que Vatanen avait passé la nuit en compagnie

du vieux maître de maison, qui était mort le soir précédent. La maison était en deuil, le vieux maître était si bon. On admit le malentendu et comme on parlait de l'aïeul, les femmes se mirent à pleurer ; Vatanen aussi avait la gorge serrée. Le lièvre se tenait à l'écart comme si lui aussi se sentait coupable.

À dix heures, le corbillard s'arrêta dans la cour. Vatanen aida le maître de maison à disposer le corps dans le fourgon. L'œil qui s'était ouvert dans ses bras fut refermé, le chauffeur du corbillard produisit un formulaire où le maître de maison inscrivit son nom.

Vatanen se fit emmener dans le corbillard jusqu'au centre de Kuhmo. À l'arrière, le cercueil drapé d'un tissu noir avait belle allure. Le chauffeur du corbillard parla sans arrêt du lièvre, raconta qu'il avait lui-même à Kajaani une pie apprivoisée. Elle avait paraît-il volé en pleine ville le catadioptre de la femme du chef de police, c'est en tout cas ce qu'elle avait rapporté à tire-d'aile à la maison.

« À propos, pour parler d'autre chose, je le connais ce vieux Heikkinen. Il était communiste, mais ça ne lui a pas servi à grand-chose. Quand on se met communiste, on ne s'enrichit jamais. »

Kurko

Fin juillet, début août, Vatanen était arrivé à Rovaniemi. La queue des trains de flottage avait dépassé la ville, même les touristes se faisaient rares.

À Rovaniemi, Vatanen rencontra un vieux bûcheron, poivrot malheureux, dans la salle du bas du restaurant *Lupinmaa*. L'homme répondait au nom de Kurko ; dans sa jeunesse, au temps des grands chantiers aventureux, il était connu en Laponie comme « le roi des forêts », d'où cette abréviation déformée de Kurko.

Kurko se plaignait de son sort : il ne trouvait plus d'embauche comme bûcheron, il était trop vieux et trop ivrogne. Il fallait se débrouiller avec le minimum vieillesse, mais cela suffisait difficilement à un libre vagabond. La vie était bien dure pour un vieil abatteur d'arbres.

Vatanen se demanda comment il pourrait aider le vieil homme. Au bureau des Eaux et Forêts de la région lapone, Vatanen trouva un peu de travail. On lui offrait de débarder trois radeaux de bois au bord de l'Ounasjoki en amont du village de Meltaus.

Kurko enthousiasmé décida de l'accompagner et les deux hommes partirent travailler au bord du fleuve.

Les hommes tirèrent les radeaux sur la berge à l'aide d'un treuil. Ils avaient loué une tronçonneuse et ils commencèrent avec des barres de fer et d'autres outils à débarder les radeaux vieux et lourds. Le travail avançait sans problème dans l'air automnal, les hommes vivaient sous la tente et faisaient leur cuisine sur un feu de camp, devant la tente. Kurko se plaignait du manque d'alcool, mais se plaisait à part cela au débardage.

Les villageois passaient de temps en temps sur le chantier. Ils s'étonnèrent, à leur façon réservée, de la présence du lièvre. Vatanen demanda aux habitants du village de ne pas lâcher leurs chiens et ce n'est que rarement que le lièvre filait comme un trait du village, un molosse à ses trousses. Devant le danger, il fonçait au camp, sautait dans les bras de Vatanen ou se faufilait sous la tente, et les chiens frustrés devaient retourner au village.

Quand ils eurent débardé deux radeaux et empilé le bois, Vatanen paya à Kurko deux semaines de salaire. Celui-ci se sauva immédiatement à Rovaniemi. Kurko resta trois jours en ville, puis revint ivre mort et sans le sou, comme il l'avait fait toute sa vie. Une nuit encore, Kurko se soûla, et l'aventure faillit mal tourner : quand Kurko voulut prouver son adresse de flotteur de bois et courut sur la chaîne de rondins de la rive, il tomba dans le fleuve et manqua se noyer, car il ne savait pas nager. Vatanen tira le vieillard ivre du fleuve glacé et le porta dans la tente. Au matin, l'homme rudement éprouvé s'éveilla le crâne emperlé de douleur, ouvrit la bouche pour laisser échapper une plainte. On constata alors que son dentier était tombé le soir précédent dans le fleuve. La vie est parfois bien déprimante.

Vingt-quatre heures plus tard, Kurko reprit ses esprits. Il ne pouvait manger que de la bouillie, et la faim le tenaillait.

«Apprends-moi à nager», demanda Kurko à Vatanen.

Le soir même Vatanen commença les cours de natation. Il ordonna à Kurko de se déshabiller et quand l'homme fut nu, Vatanen le fit s'allonger dans l'eau, sur le ventre, les mains à portée de la berge.

S'il est difficile d'apprendre à un vieux chien à faire le beau, apprendre à nager à un vieux bûcheron lapon est une véritable gageure. Kurko, le pauvret, faisait tous ses efforts, mais les progrès étaient maigres. Soir après soir, l'entraînement continuait. Vatanen admirait l'obstination de Kurko.

Le miracle se produisit enfin.

Kurko apprit à nager comme un chien. L'eau le portait! Des cris de triomphe se répercutèrent sur la rive du fleuve quand l'homme découvrit son nouveau talent. Son enthousiasme pour la natation était tel qu'il barbota dans l'eau jusque tard dans la nuit, disparaissant par moments longuement sous l'eau, se laissant emporter par le courant, ressortant dans des éclaboussures des dizaines de mètres plus bas. Son corps endurci supportait bien l'eau froide, le bonheur de son nouveau mode de vie éclairait son visage marqué de rides.

«Demain c'est dimanche, je vais plonger à la recherche de mon dentier», décida Kurko. Emporté par son enthousiasme pour la nage, il ne profita même pas du sauna du samedi soir, mais continua de s'ébattre dans le fleuve.

Kurko était capable de rester des minutes entières sous l'eau, on s'en aperçut le lendemain quand il entreprit de chercher son dentier au fond de l'Ounasjoki. Un groupe de villageois s'attroupa sur la berge pour assister aux plongeons de Kurko, certains étaient venus pour le lièvre. Dans l'ensemble, on trouvait les débardeurs plutôt bizarres, non sans raison : l'un avait apprivoisé un lièvre et l'autre pataugeait nu toute la journée dans le fleuve glacé. Un car de touristes s'arrêta là et une quarantaine d'Allemands vinrent s'étonner du spectacle. Quelqu'un filma Kurko avec une caméra d'amateur. Le guide allemand expliqua à ses compatriotes qu'il s'agissait d'un entraînement pour les championnats de flottage du bois qui se tiennent l'été en Laponie.

Le soir, Kurko déclara à Vatanen qu'il n'avait pas trouvé ses dents dans le fleuve, mais autre chose de beaucoup plus précieux.

«Au milieu du fleuve, il y a plus de dix mètres de fond. J'y ai trouvé au moins cent tonnes de ferraille de la dernière guerre. Il y a près d'une vingtaine de canons, au moins un tank, des grosses caisses, tout ce qu'on veut. C'est là que j'ai plongé toute la journée.»

«Avance-moi mille balles et je vais vendre cette ferraille.»

Drôle de trouvaille, drôle de bonhomme ce Kurko. Vatanen fit glisser ses vêtements, s'avança sur les troncs flottants et plongea dans les profondeurs du fleuve. Le courant était puissant, il eut du mal à trouver l'endroit exact.

Kurko n'avait pas menti. Vatanen se cogna le genou dans un objet métallique, l'examina de plus près et conclut qu'effectivement il y avait un canon, couché sur le flanc au fond du fleuve. Mais sur le canon, il y avait des troncs engloutis, gorgés d'eau, empilés là par des années de flottage.

Vatanen donna mille marks à Kurko. L'homme partit dès l'aube à Rovaniemi. Vatanen resta seul pour débarder le dernier radeau.

Kurko resta encore deux jours en ville. Quand il revint, il était à nouveau soûl, mais joyeux. Il lui restait même quelques billets de cent. Et de la gnôle. Plusieurs bouteilles de bon cognac. Dans son ivresse, Kurko se vanta :

«Efficace, le mec, j'ai mis la gomme. Demain matin, il va se passer des choses.»

Ayant parlé, il s'écroula, et Vatanen ne sut pas quels arrangements Kurko avait pu prendre.

Le matin, trois lourds camions à plate-forme métallique arrivèrent au camp dans un grondement de moteurs, porteurs de panneaux «convoi exceptionnel». Kurko s'était manifestement lancé dans une opération de grande envergure.

Sans souci de sa gueule de bois, Kurko se mit au travail. Il prit la direction des opérations, ordonna à Vatanen et aux camionneurs d'installer entre deux gros pins de la rive un grand treuil, un pesant engin d'une force de traction de dix tonnes. On amarra le treuil aux robustes troncs d'arbre à l'aide de gros câbles ; avec un treuil plus petit, de la rive opposée, on tira le câble dans le fleuve.

Kurko plongea dans le fleuve avec l'extrémité lestée du câble ; il resta longtemps sous l'eau, réapparut en criant :

«Allez, hisse !»

Le câble se tendit, les cimes des pins frémirent, mais l'ancrage du treuil tint bon. La ceinture de troncs de la berge s'enfonça sous l'eau, le câble s'enroula lentement autour du tambour. Une minute plus tard, un lourd obusier rouillé sortit du fleuve. De fabrication allemande, six pouces. Kurko regagna la rive, enthousiasmé, prit une gorgée de cognac.

«Ça réchauffe», dit-il.

On chargea l'arme de guerre rouillée sur la plate-forme du camion, on la cala. Vatanen inscrivit son poids, car le système de levage avait aussi une bascule hydraulique.

Toute la journée, Kurko fit à la nage la navette entre la berge et le milieu du courant, travaillant durement sans relâche. Onze canons, une vingtaine de canons antiaériens, un tank de quinze tonnes et plusieurs caisses de munitions sortirent du fleuve. Tout le bazar avait dû être flanqué à l'eau au cours de la retraite des Allemands pendant la bataille de Laponie, mais il était bien étrange que les Finlandais n'aient pas depuis connu l'existence de ces armes.

«Et maintenant, vous conduisez les camions à la gare de Kolari, j'ai des wagons de train réservés à mon nom, chargez ce bazar dans les wagons. Voilà les lettres de voiture», dit Kurko en tendant aux camionneurs une liasse de papiers. «Dès que vous aurez chargé ça, venez chercher le reste, même de nuit. L'argent arrivera dans une semaine. Je signe.»

Kurko parapha les documents de transport, les lourds véhicules s'éloignèrent en grondant vers le nord. Vatanen regardait ébahi ces grandes manœuvres, et il n'était pas le seul à s'étonner des affaires de Kurko : les habitants de Meltaus aussi avaient entendu parler du nouveau chantier.

Le lendemain, on sortit du fleuve le reste des dépouilles guerrières et dans l'après-midi les derniers camions quittèrent Meltaus pour Kolari. Kurko raconta avoir directement vendu la ferraille à la fonderie de Koverhari, il fallait maintenant attendre vendredi, que le virement télégraphique d'Ovako arrive à la banque de Rovaniemi. Kurko déclara qu'ils ne payaient la ferraille qu'une fois rendue à l'usine.

Un reporter du *Lapin Kansa* avait trouvé le chemin de la berge, mais trop tard. Avec une ruse toute journalistique, il tenta de soutirer des informations à Kurko et à Vatanen mais sans grand succès. Kurko débardait avec Vatanen le dernier train de bois, le grand treuil avait été emporté, et quand le reporter demanda si on avait bien trouvé dans le fleuve une centaine de canons, Kurko s'esclaffa :

«Cent canons! Tu dois être un peu cinglé. C'est un chantier de débardage de bois, ici, pas de démontage de canons.»

Le vendredi, les travaux de débardage étaient terminés et les hommes à Rovaniemi. Vatanen toucha sa paye au bureau de l'Administration des forêts pendant que Kurko attendait impatiemment dans la salle du bas du *Lapinmaa*. Il avait fait le compte du bénéfice de ses affaires.

«J'ai 6 200 marks de frais, avec tes 1000 balles. Ovako paie 17 pennis le kilo à l'usine, et il y en avait 96 000 kilos, c'est-à-dire presque 100 tonnes. Compte toi-même. Le tout devrait faire 16 720 marks. Moins les frais, il reste 10 520 marks. Jolie somme!»

L'après-midi, le chèque arriva.

Kurko était si heureux qu'il pleura à la banque.

«Je n'ai jamais touché autant depuis 1964, quand j'ai fait des coupes pendant trois mois d'affilée à Kairijoki. Ce coup-ci, les gars, je vais pouvoir aller faire un tour, je ne sais pas… jusqu'à Oulu.»

Kurko partit.

Vatanen aussi décida de quitter la ville, car il y avait dans le *Lapin Kansa* un article selon lequel le matériel militaire abandonné par les Allemands appartenait aux Alliés. Un major s'étonnait dans le journal de ce que des «personnes privées» avaient paraît-il récupéré de la ferraille datant de la bataille de Laponie, près de Meltaus, pour la vendre à leur compte.

Vatanen replia le journal. Il se demanda où Kurko pouvait bien traîner maintenant. Il s'était sans doute procuré un nouveau dentier.

«Et si on partait, nous aussi», dit Vatanen au lièvre assis à ses pieds.

C'est ainsi qu'ils quittèrent Rovaniemi. Le mois d'août était déjà bien avancé, il était tombé de la neige, le matin, mais elle avait fondu tout de suite.

13

Le corbeau

Avant les premières neiges, Vatanen prit le car pour Posio, dans le sud de la Laponie.

Il y prit un travail de défrichement, à huit kilomètres d'une route qui traversait les étendues désertes de Simojärvi. C'était une zone de partage des eaux, désespérément sauvage, mais le travail était bien payé et l'essentiel était que le lièvre n'ait pas à vivre dans des lieux habités.

Vatanen occupait un abri en bordure d'un vaste marécage, dans un petit îlot de pinède. Il allait deux fois par semaine à Simojärvi chercher de la nourriture et du tabac et emprunter quelques livres à la bibliothèque municipale. Vatanen passa plusieurs semaines dans les marais de Posio; il lut pendant cette période plusieurs bons livres.

Ses conditions de vie étaient très primitives.

Le travail était dur, mais Vatanen y prenait plaisir : il sentait ses forces grandir et n'avait pas à supporter l'idée de devoir faire ce travail tout le restant de ses jours.

Parfois, quand il tombait de la neige fondue et que Vatanen, le soir venu, se sentait très fatigué, il pensait à sa vie : comme elle avait changé depuis le printemps dernier, avant la Saint-Jean !

Changé du tout au tout!

Vatanen faisait la conversation au lièvre qui l'écoutait religieusement, sans rien comprendre. Vatanen tisonnait le feu devant l'abri, regardait l'hiver et dormait sur le qui-vive comme une bête des bois.

Dès le premier jour, Vatanen avait rencontré un problème dans ce marécage désert sous la neige fondue.

Déjà quand Vatanen avait dressé son modeste camp au milieu des pins desséchés de l'îlot marécageux, il s'y était installé le plus méchant oiseau de la forêt, un corbeau.

Il volait dans la pluie glaciale, maigre, les ailes mouillées; il tourna plusieurs fois au-dessus de l'îlot puis, voyant qu'on ne le traquait pas, il se posa sur un arbre auprès de Vatanen et secoua la neige fondue de son dos comme un chien rhumatisant. Le spectacle était particulièrement déprimant.

Vatanen regarda l'oiseau et se sentit rempli de pitié pour la créature. Tout montrait que le malheureux volatile n'avait pas connu ces derniers temps une existence bien agréable. Il était vraiment pitoyable.

Le lendemain soir, lorsque Vatanen fatigué revint de la forêt et se prépara à faire son dîner, il eut une surprise. Son sac, qui était resté ouvert sur les branchages de l'abri, avait été pillé. Une bonne quantité de nourriture avait disparu: un quart de beurre, une boîte à peine entamée de viande en conserve et plusieurs galettes de pain. Il était clair que le massacre était l'œuvre de ce misérable oiseau, de ce corbeau qui avait éveillé son indulgente pitié. Il avait déchiré de son bec corné l'emballage des aliments, avait étalé de la nourriture partout et en avait visiblement emporté une partie dans une cachette connue de lui seul.

Le corbeau était perché au sommet d'un grand pin tout

près de l'abri. Le côté du tronc était couvert de traînées noires et brillantes ; le corbeau avait chié du haut de sa branche.

Le lièvre était nerveux – le corbeau l'avait apparemment pourchassé pendant que Vatanen était au travail.

Vatanen jeta une pierre au corbeau, mais le manqua. L'oiseau se contenta d'esquiver mollement, sans même ouvrir les ailes. Il ne changea d'arbre que lorsque Vatanen se rua au pied du tronc pour le frapper à coups de hache.

Il aurait fallu un fusil, mais voilà, il n'en avait pas.

Vatanen ouvrit une nouvelle boîte de viande, la fit revenir dans la poêle et mangea le reste de son pain sec, sans beurre. En mangeant son repas devenu bien modeste, il regardait le corbeau sur sa branche d'arbre et crut entendre l'oiseau roter.

Une sombre rage inassouvie envahit l'homme et, avant de se coucher, il plaça son sac sous sa tête. Le lièvre se blottit d'un bond derrière lui, à l'ombre de la toile humide de l'abri.

Le matin, Vatanen dissimula soigneusement son sac sous les branchages de l'abri, après s'être assuré qu'il était solidement bouclé.

Quand le soir il revint au camp, le mal avait encore frappé. Le corbeau avait déplacé les branchages, traîné le sac au-delà du cercle de cendres du feu de camp et arraché une poche, mangé le fromage fondu qui y était rangé, cassé le cordon du sac et mangé en prime le reste du contenu de la boîte de viande de la veille. Toutes les galettes de pain restantes avaient également disparu. Il restait pour tout vestige un paquet de thé, du sel et du sucre et deux trois boîtes de viande intactes.

Ce soir-là, le dîner fut encore plus simple que la veille.

Le pillage se poursuivit plusieurs jours. Le corbeau parvenait à voler de la nourriture dans le sac malgré les grosses bûches sous lesquelles Vatanen dissimulait ses provisions avant de s'en aller défricher. Le corbeau réussissait toujours à atteindre le sac en se faufilant dans des creux. Il aurait fallu, semblait-il, enfermer le sac dans un bunker de béton pour le soustraire au tribut de l'oiseau vorace.

Le corbeau devenait de plus en plus effronté. Il semblait comprendre que l'homme qui habitait l'abri ne pouvait rien contre lui. Vatanen essayait bien de chasser l'oiseau de son îlot en poussant des hurlements féroces et en lui jetant des pierres grosses comme le poing, mais l'oiseau ne se laissait pas troubler – on aurait même dit qu'il s'amusait doucement de la rage impuissante de Vatanen.

L'oiseau engraissait rapidement et ne quittait plus guère sa branche, même dans la journée. Son appétit insatiable obligeait Vatanen à faire ses courses trois fois par semaine au lieu de deux au camion-épicerie de Simojärvi, Vatanen calcula que le corbeau mangeait soixante marks de nourriture par semaine.

Cela dura deux semaines.

Le corbeau avait terriblement grossi. Il perchait paresseux et impudent sur sa branche à quelques mètres de Vatanen, grand et fort comme un mouton bien nourri ; son plumage gris-noir avait changé de couleur, foncé et acquis un superbe brillant.

À ce train, les travaux de défrichement de Vatanen lui rapporteraient fort peu. Il réfléchit longuement au moyen de se débarrasser du corbeau et lorsque l'animal l'eut pillé pendant deux semaines, l'homme entrevit le moyen de redresser définitivement la situation.

La méthode qui obligerait le corbeau à renoncer à ses manières iniques était terriblement efficace.

Et cruelle.

Vatanen retourna encore une fois s'approvisionner à Simojärvi. La vendeuse du camion-épicerie regardait son client un peu bizarrement – non seulement il venait trois fois par semaine faire ses courses avec un lièvre, mais le nombre de ses achats augmentait chaque fois. On savait pourtant que l'homme n'achetait que pour ses propres besoins.

«Là-bas dans la forêt, il y a un mangeur redoutable», commençait-on à dire au village. «Il achète un plein sac de nourriture trois fois par semaine, et maigrit à vue d'œil.»

Le lendemain de son idée, lorsque Vatanen ouvrit une boîte de viande d'un kilo, il employa une méthode inhabituelle : au lieu d'ouvrir le couvercle de la boîte en le découpant le long du bord, il y tailla une ouverture en forme de croix, de façon à former dans le couvercle quatre triangles aiguisés de fer-blanc. Il replia soigneusement ces pointes vers l'extérieur et la boîte de viande prit l'aspect d'une fleur d'acier à quatre pétales, à peine éclose. Du milieu de cette corolle métallique, Vatanen prit de la viande avec la pointe de son couteau, la fit revenir et mangea copieusement. Le corbeau lorgnait les agissements de l'homme d'un air détaché ; il pensait visiblement que le reste de la boîte de viande lui reviendrait comme d'habitude.

Ayant abreuvé le corbeau d'injures déjà coutumières, Vatanen se mit en devoir de dissimuler son sac sous les bûches. Mais auparavant, il plia vers l'intérieur les pointes du couvercle de la boîte de viande, afin de former à l'entrée de la boîte une sorte d'entonnoir, comme dans une nasse.

Dès que Vatanen eut quitté l'îlot pour la lisière de la

forêt, le corbeau se laissa tomber près du foyer mourant, se dirigea ensuite vers le sac caché sous les bûches. L'animal pencha un instant la tête puis se mit énergiquement à la tâche : il s'insinua entre les bûches, tiralla les courroies du sac, marmonna quelque chose, poussa sur les troncs et réussit assez vite à dégager son butin. Il levait par moments sa grande tête noire pour regarder si Vatanen était en vue.

Ayant dégagé le sac, le corbeau le traîna un peu plus loin sur un terrain plat où il avait pris l'habitude en deux semaines de perpétrer ses forfaits. Là il ouvrit le sac d'un geste expert et attaqua son contenu.

Vatanen suivait depuis les ombrages de la forêt le déroulement de l'opération.

Le corbeau sortit du sac un paquet de grandes galettes de pain, avala quelques bouchées, puis prit une galette entière dans son bec. Il se mit ensuite à courir, le pain dans le bec, en battant l'air de ses ailes. Il ressemblait ainsi à un avion de transport lourdement chargé décollant d'une piste très courte vers une destination fixée par sa mission. Ses ailes trouvèrent suffisamment d'air, le corbeau s'envola ; le lièvre de Vatanen se cachait terrorisé sous l'abri en regardant décoller l'appareil pirate.

L'oiseau, le pain dans le bec, survola Vatanen tel un cerf-volant, car le vent matinal du vaste marécage jouait sur la grande galette de pain, forçant le lourd volatile à brasser l'air de toute la force de ses ailes pour garder le cap sur la forêt, sur sa cachette.

Le corbeau revint bientôt et le lièvre, qui avait pu entre-temps grignoter un peu dans l'herbe des marécages, se terra sous l'abri. Vatanen aiguisa son regard.

Le corbeau sortit bruyamment du sac la boîte de viande. Avant d'examiner le contenu de la boîte, il se redressa et étudia les alentours pour s'assurer de la tranquillité nécessaire à ses manœuvres. Puis il enfonça sa grande tête dans les profondeurs de la boîte de viande.

La bête prit quelques bouchées gloutonnes de viande graisseuse dans le fond de la boîte puis décida de reprendre sa respiration.

Mais sa tête ne ressortit pas de la boîte. Le corbeau était coincé.

L'animal s'affola. Il sauta loin du sac, tenta d'arracher sa tête de la boîte, mais le piège de tôle se maintenait obstinément. Les ongles du corbeau s'acharnaient sans résultat sur les flancs glissants de la boîte de viande et les bords coupants de la tôle cisaillaient son cou graisseux.

Vatanen se précipita, mais ne put atteindre son pillard. L'oiseau noir s'éleva à la force de ses ailes dans un fracas épouvantable et bien qu'il ne vît rien, il réussit à monter si haut que Vatanen n'eut pas le temps de l'achever sur place.

Le corbeau criait son immense détresse dans sa boîte de conserve. Le marais résonnait de croassements métalliques, étouffés mais aux accents fatals.

L'oiseau prit de la hauteur, vola droit vers le ciel comme un sinistre cygne de Tuonela*; la boîte de conserve claquait et cliquetait et on entendait derrière la voix furieuse de l'animal.

Tout sens de l'orientation perdu, l'oiseau se démenait dans le ciel, incapable de garder sa ligne de vol; il perdit vite de l'altitude et se cogna à l'orée de la forêt dans les plus hautes cimes des arbres. La boîte de viande dont il était coiffé heurta bruyamment les troncs et l'animal s'abattit sur le sol, se ruant ensuite ensanglanté vers de

---

* Dans l'épopée du Kalevala, cygne mythique du royaume des morts *(N.d.T.)*.

nouvelles hauteurs. Vatanen vit l'animal disparaître derrière la bordure du bois. Seuls des bruits effroyables atteignaient l'îlot marécageux, contant le dernier voyage de l'oiseau pillard.

Il bruinait et les bruits s'étaient tus.

Vatanen ramassa son sac déchiqueté, le rangea dans l'abri, prit le lièvre dans ses bras et regarda l'horizon, là où commençait la forêt. Il savait qu'au fond de la boîte de viande il y avait plus de sang de corbeau que de viande et il fut encore assez cruel pour rire à voix haute de son horrible action.

Et on aurait dit que le lièvre aussi riait.

Le sacrificateur

Dans la semaine qui suivit la mort du corbeau, Vatanen quitta les marais de Posio pour Sodankylä et s'installa quelques jours à l'hôtel pour se reposer. Il rencontra le responsable de la coopérative d'élevage de rennes de Sompio, qui lui proposa de réparer une cabane dans les Gorges-Pantelantes, dans la forêt de Sompio. C'était parfait.

Vatanen acheta un fusil à lunette, des skis, des outils de charpentier et des provisions pour quelques semaines. Il prit un taxi et se fit conduire dans la forêt par la route de Tanhua. À l'embranchement de Värriö, il rencontra un groupe d'éleveurs de rennes, assis autour d'un feu en bordure de la route.

«J'comprends pas, dit l'un. Ici, les lièvres sont tous blancs depuis des semaines, et celui-là est en fourrure d'été.

– C'est peut-être un lièvre brun.

– Mais non, les lièvres bruns sont plus gros.

– C'est un lièvre du Sud», expliqua Vatanen. Aidé du chauffeur de taxi, il déchargea ses bagages sur la route. Il neigeotait, mais on ne pouvait pas encore skier.

Les éleveurs de rennes offrirent du café à Vatanen. Le

lièvre reniflait avec curiosité l'odeur de forêt des hommes, sans peur.

« Si Kaartinen le voit, il va sûrement le sacrifier, dit l'un des éleveurs à Vatanen.

– C'est un ancien instituteur, il a même dû être pasteur dans le Sud. Il sacrifie souvent des animaux. »

Il s'avéra que Kaartinen était un homme encore jeune, professeur de ski à Vuotso. Il avait l'habitude au commencement de l'hiver, hors saison, de skier dans ces bois et de venir habiter la cabane du Ruisseau-à-la-con, près des Gorges-Pantelantes.

Les éleveurs de rennes restèrent autour de leur feu quand Vatanen hissa son lourd barda sur ses épaules, jeta un coup d'œil à la carte et disparut dans la forêt. Le lièvre suivit l'homme en bondissant allègrement.

Les gorges étaient à une trentaine de kilomètres. Vatanen portait ses skis sur l'épaule dans la forêt faiblement enneigée, ils se prenaient dans les branches des arbres et ralentissaient la marche de l'homme.

La nuit tombait tôt, il fallut dormir dans les bois. Vatanen abattit un pin, étala sa toile de tente, prépara un feu pour la nuit, coupa un morceau de viande de renne dans la poêle à frire. Le lièvre s'installa sous l'abri pour dormir et Vatanen aussi s'y étendit bientôt. De gros flocons de neige voletaient dans le feu, ils disparaissaient dans les flammes en sifflant.

Vatanen marcha encore toute la journée du lendemain avant d'atteindre sa destination et de pouvoir dire :

« La cabane des Gorges-Pantelantes. »

Il appuya ses skis au mur de la cabane et entra harassé à l'intérieur. L'habitation était l'habituelle cabane des éleveurs de rennes, autrefois construite comme point de chute des rassembleurs de troupeaux. L'hiver précédent, on avait apporté en scooter des neiges à la cabane des planches, des clous, des rouleaux de carton bitumé, un sac de ciment. La cabane avait deux pièces, l'une presque effondrée. Même dans la partie en bon état, le plancher était si abîmé qu'il fallait le changer.

«J'ai bien le temps, jusqu'à Noël s'il le faut», se dit Vatanen à voix haute. Il ajouta pour le lièvre : «Tu devrais te mettre en fourrure d'hiver. On n'est plus à Heinola. Tu ferais une belle proie pour un faucon, brun comme ça.»

Vatanen prit le lièvre dans ses bras, examina sa fourrure. En tiraillant les poils, ils tombaient facilement. La pure couleur d'hiver apparaissait dessous. Bien, pensa Vatanen, et il reposa son ami ébouriffé par terre.

Vatanen ne se dépêcha pas trop de commencer les travaux. Il parcourut d'abord les alentours pendant quelques jours, contempla le paysage et rentra du bois pour le feu. Le soir, à la lumière de la lanterne, il faisait des projets pour la réparation de la cabane.

Dans une crête sablonneuse voisine, Vatanen creusa sous la neige plusieurs sacs de sable fin : il construisit une auge à mortier en planches et entreprit avec les premières gelées de gâcher du mortier. Il fallait pour commencer réparer le poêle, qui était complètement décrépi, car il fallait bien chauffer la cabane. Le conduit de cheminée était en aussi mauvais état, il fallait également le crépir. Mais réparer le conduit serait difficile, car en dessous de zéro, le mortier gèle au lieu de sécher.

On a du temps, au fond des bois, et Vatanen décida d'en tirer profit pour ses réparations. Il construisit sur le toit de la cabane, autour de la cheminée, une espèce de tente de toile. Il ouvrit ensuite le plafond et la toiture au niveau du conduit, de sorte que l'air chaud de l'intérieur montait dans la tente sur le toit. De l'extérieur, il portait sur le toit du mortier tiède, par une échelle, et réparait ainsi la cheminée.

C'est alors que deux éleveurs de rennes arrivèrent à skis à la cabane – il y avait déjà suffisamment de neige pour qu'il fût plus facile de circuler à skis qu'à pied. Les hommes contemplèrent ébahis l'étrange construction sur le toit de la cabane et aucun d'eux ne sut deviner pourquoi on y avait dressé cette tente.

Si l'échafaudage dont les fentes laissaient échapper des flots de vapeur avait éveillé la curiosité des éleveurs de rennes, ils s'étonnèrent bien plus en voyant s'ouvrir la porte de la cabane et sortir un homme qui portait à la main un lourd seau fumant. L'homme était suffisamment absorbé par sa tâche pour ne pas remarquer les éleveurs de rennes appuyés sur leurs bâtons devant la cabane. Il transporta le seau pesant jusqu'à l'échelle, le long de laquelle le laborieux chemin continuait vers le toit de la cabane. Tous les deux échelons, l'homme soufflait.

Sur le toit, l'homme disparut sous le pavillon de toile pour y rester un bon quart d'heure. Il sortit finalement de la tente, cogna le seau contre le bord du toit pour faire tomber les restes de mortier et descendit au pied de la cabane. Les éleveurs de rennes dirent :

« Bonjour. »

Ils enlevèrent leurs skis, on entra dans la cabane. Au beau milieu de la pièce, il y avait l'auge à mortier construite par Vatanen, des planches et d'autres matériaux de construction. Les éleveurs de rennes comprirent à leur vue qu'il s'agissait de la réparation du poêle et de la cheminée, rien de plus extraordinaire.

Le feu ronflait dans le poêle, sans gêner les travaux de

réparation, le mortier séchait plutôt mieux à la chaleur. Les éleveurs de rennes firent du café sur le feu. Ils racontèrent qu'ils rassemblaient les derniers rennes pour le triage, quelques hardes s'étaient dispersées dans les collines. Depuis la construction du lac artificiel de Lokka, les pâturages des rennes avaient diminué de surface. Le système établi était désorganisé, rassembler les rennes était devenu plus ardu.

Les éleveurs de rennes venaient de la cabane du Ruisseau-à-la-con, ils racontèrent que Kaartinen y avait ses quartiers.

Les rassembleurs de rennes passèrent la nuit là. Après leur départ, Vatanen travailla encore deux jours sur le toit avant d'avoir remis la cheminée en état de tenir quelques dizaines d'années. Il démonta l'abri de la cheminée quand le mortier fut sec. Puis il balaya la neige du toit et entreprit de clouer un nouveau feutre bitumé à la place de l'ancien, usé et troué. Dans le froid glacial, le feutre était raide et difficile à manier sans casser. Vatanen dut monter sur le toit des seaux d'eau bouillante qu'il versait sur les bandes de feutre, debout sur le faîte. L'eau chaude dégelait le feutre et, en faisant vite, on pouvait l'aplatir et le clouer solidement sur le toit.

La besogne était spectaculaire : l'eau brûlante fumait dans l'air glacé, tout alentour baignait dans la vapeur qui montait haut dans le ciel clair. De loin, le chantier faisait penser à une centrale thermique ou à une vieille locomotive, prenant de l'eau et crachant de la vapeur. Vatanen sur son toit semblait un mécanicien cherchant à faire démarrer par temps froid son énorme machine : les coups de marteau ressemblaient au toussotement d'un moteur ; mais la cabane n'était pas une machine et elle ne partit pas. Une fois, s'étirant en attendant que les nuages de vapeur se dissipent du toit, Vatanen laissa errer son regard sur le versant opposé des Gorges-Pantelantes. Des traces menaient au sous-bois touffu de la paroi rocheuse. Il y avait donc un promeneur.

Vatanen descendit du toit, prit son fusil à lunette dans la cabane, remonta sur le toit. La vapeur s'était maintenant dissipée et on voyait parfaitement à travers le viseur dioptrique. Vatanen mit l'arme en joue et scruta longuement le versant opposé du ravin, clignant régulièrement des yeux. Finalement, quand ses yeux se mirent à larmoyer, il abaissa son arme.

«Ça ne peut être qu'un ours.»

Vatanen redescendit dans la cabane, fit rentrer le lièvre et prépara le repas. Il songeait : j'ai maintenant un ours comme voisin.

Le lièvre circulait sans bruit dans la cabane. C'est ce qu'il faisait chaque fois qu'il voyait que son maître avait à réfléchir sérieusement.

Dès le matin, Vatanen prit ses skis pour aller examiner les traces de l'autre côté de la gorge. Le lièvre les renifla et se mit à trembler de peur. Aucun doute, un ours était passé par là, un gros ours. Vatanen suivit les traces sur le versant dénudé. Elles menaient à un îlot boisé. Vatanen décrivit un large cercle autour du bosquet, il n'y avait pas d'autres traces. L'ours était donc dans le bois et il était cerné. De toute évidence, il s'était installé un repaire dans le bosquet et y dormait comme une souche.

Vatanen, toujours à skis, entra dans le bois. Le lièvre n'osa pas suivre l'homme, bien que celui-ci eût essayé de le convaincre en l'appelant à voix basse. L'animal resta sur place, l'air indécis.

L'ours avait erré dans le sous-bois, cherchant sans doute

une retraite à son goût. Difficile de dire où il s'était installé. Vatanen dut s'enfoncer plus profondément entre les arbres. Puis il vit l'arbre tombé sous lequel l'ours s'était fourré. Il n'avait pas encore neigé beaucoup sur le repaire, une légère vapeur montait de sous le tronc. C'était donc là qu'il sommeillait.

Vatanen tourna silencieusement ses skis et glissa du bois sur la pente sans arbres du ravin, où le lièvre l'accueillit en sautant joyeusement à sa rencontre.

De retour à la cabane, Vatanen vit qu'il avait une visite. Des skis de randonnée de fabrication industrielle reposaient contre le mur de la cabane. Un jeune homme à l'aspect énergique, en tenue de ski, était assis dans la cabane. Il salua Vatanen en lui serrant la main, ce qui en Laponie paraissait une coutume assez étrange. C'était Kaartinen, l'homme dont Vatanen avait tant entendu parler.

Kaartinen fut enthousiasmé par le lièvre. Il voulut absolument le caresser, le cajoler, et Vatanen dut demander à l'homme de laisser l'animal tranquille, car ce dernier n'appréciait guère ces flatteries. Le lièvre semblait fuir l'homme, lui qui d'habitude ne craignait pas les invités si Vatanen était présent.

Kaartinen expliqua qu'il avait tracé dix kilomètres de piste d'entraînement de la cabane du Ruisseau-à-la-con jusqu'ici, aux Gorges-Pantelantes. Il tira de la poche de poitrine de son anorak deux rouleaux de ruban plastique, un rouge et un jaune. Il entendait les utiliser pour baliser la piste à l'intention des touristes. Kaartinen raconta que dès avant Noël il arriverait dans ces bois un groupe d'invités officiels en excursion. Un truc du ministère des Affaires étrangères. Il viendrait plusieurs dizaines d'invités de haut rang, avec des journalistes.

Kaartinen offrit à Vatanen de lui acheter le lièvre, il proposa d'abord cinquante marks, puis cent et enfin deux cents. Vatanen bien sûr refusa, se fâcha presque de l'offre du moniteur de ski.

Kaartinen resta pour la nuit. Les pensées de Vatanen tournaient autour de l'ours et il resta longtemps éveillé ; quand enfin il s'endormit, son sommeil n'en fut que plus lourd.

Au matin, Vatanen s'éveilla seul dans la cabane. Le lièvre et Kaartinen avaient disparu. Les skis de Kaartinen n'étaient plus dehors. Il n'y avait aucune trace fraîche de lièvre.

Comment une chose pareille avait-elle pu arriver, pourquoi ? Vatanen sauta rageusement sur ses skis, se propulsa vers la piste de Kaartinen, mais revint aussitôt, prit son fusil au clou de la cabane et repartit. Les propos des éleveurs de rennes sur les sacrifices lui revenaient en mémoire. Vatanen fonça de toute la vitesse de ses skis vers la cabane du Ruisseau-à-la-con.

Le dos fumant, Vatanen atteignit la cabane du Ruisseau-à-la-con. Il haletait lourdement, la sueur lui brûlait les yeux et une rage noire lui dévorait le ventre. Au bord du Ruisseau-à-la-con se dressait un superbe chalet forestier, une construction de rondins prévue pour une bonne centaine d'hommes.

Vatanen se débarrassa de ses skis d'un coup de pied et ouvrit à la volée la porte de la baraque, Kaartinen buvait une tasse de café, attablé devant la fenêtre.

« Où est le lièvre ? »

Kaartinen recula contre le mur. Il fixa effaré Vatanen qui serrait le fusil dans ses mains et jura dans un discours embrouillé par la peur ne rien savoir du lièvre de Vatanen.

Il était simplement parti si tôt de la cabane, ce matin, qu'il n'avait pas voulu réveiller son hôte, qui dormait profondément.

« Tu mens ! Le lièvre ici et tout de suite ! »

Kaartinen se réfugia dans un coin.

« Qu'est-ce que j'en ferais, se défendit-il.

– Le lièvre », hurla Vatanen. Comme Kaartinen se refusait à avouer quoi que ce soit, Vatanen perdit ce qui lui restait de sang-froid. Il jeta son arme sur la table, atteignit Kaartinen d'une seule enjambée, empoigna l'homme aux revers et le souleva, plaqué au mur.

« Tu peux me tuer, je ne le rendrai pas », cracha la bouche de Kaartinen. Vatanen se mit dans une telle colère qu'il laissa tomber l'homme du mur, le fit voler au milieu de la grande salle et le frappa d'un direct sauvage au menton : le malheureux moniteur de ski s'affala de tout son long sur le plancher de la cabane. Le silence se fit, seul le halètement de Vatanen sifflait dans la pièce.

On entendit aussi autre chose. Par la bouche d'aération de la cuisine, de légers grattements et de petits chocs sourds parvenaient jusqu'à la salle. Vatanen courut par l'extérieur à la cuisine, ouvrit d'un geste la porte d'un placard. Un lièvre roula par terre, les pattes attachées. Le lièvre de Vatanen !

Vatanen trancha les liens d'un coup de couteau. Il revint le lièvre entre les bras dans la salle où Kaartinen se remettait du coup.

« Qu'est-ce que ça signifie ? » demanda-t-il d'un ton menaçant à Kaartinen.

Le récit de Kaartinen était long et plutôt inhabituel.

L'homme raconta avoir grandi dans un milieu très religieux ; des parents pieux avaient décidé que leur fils serait pasteur. Le fils avait passé son baccalauréat puis avait été envoyé à la faculté de théologie dc l'université de Helsinki. Mais ces études ne satisfaisaient pas la sensibilité du jeune homme ; il ne croyait pas à l'enseignement luthérien comme il aurait dû, le doute le tenaillait, il se sentait fort étranger à l'étude des religions. Il avait peur de devoir un jour, en proie au scepticisme, prêcher la parole de Dieu devant les fidèles. C'est alors que malgré les sentiments religieux de ses parents il avait interrompu ses études théo- logiques et s'était inscrit à l'école normale de Kemi. Il eut là aussi affaire à la religion luthérienne, mais la présence de Jésus-Christ n'était pas tout à fait aussi sensible qu'à Helsinki. Kaartinen devint instituteur.

Déjà à l'école normale, ce jeune homme, dans l'esprit sensible duquel naviguaient d'étranges visions du monde, avait entrepris la quête de son moi profond dans la littéra- ture. Il s'enticha du tolstoïsme et quand son attrait s'émoussa au fil du temps, il se plongea dans l'étude des religions asiatiques, parmi lesquelles le bouddhisme lui fit la plus forte impression. Il envisagea même un voyage en Asie sur les lieux de culte de cette religion, mais comme ses parents refusaient d'admettre quelque point de vue hin- dou que ce soit et ne lui donnèrent donc pas l'argent du voyage, les sentiments religieux de Kaartinen dans cette direction se dissipèrent par la force des choses.

À son premier et d'ailleurs unique poste d'enseignant, Kaartinen s'intéressa à l'anarchisme ; il commanda pour la bibliothèque scolaire de Liminka des ouvrages de langue française sur la question et les étudia à l'aide d'un diction- naire. Il mit même suffisamment ces idées en pratique pour que le conseil de l'école le dégage au trimestre de prin- temps de ses obligations. L'été suivant, l'ancien instituteur renonça aux enseignements anarchistes qui s'étaient révélés fatals et entreprit avec enthousiasme d'explorer les racines de la fennitude.

Il s'enfouit dans des dizaines d'ouvrages dont les auteurs avaient été aiguillonnés par la volonté d'exalter le sentiment national finlandais ; cet été de lecture se termina à l'automne par le décorticage de la préhistoire du peuple finnois. Plus Kaartinen se plongeait dans le monde spirituel de ses aïeux, plus il était convaincu d'avoir enfin trouvé ce qu'il cherchait fiévreusement depuis des années : il avait trouvé la foi de ses ancêtres, la vraie religion qui convenait à un vrai Finnois.

Kaartinen exposa avec feu à Vatanen la religion qu'il pratiquait depuis déjà plusieurs années. L'homme parlait avec enchantement des esprits de la forêt, du dieu de l'Orage, des gnomes, des pierres sacrées, des chamans des forêts ancestrales, des incantations, des sacrifices. Il éclaira Vatanen sur les anciennes pratiques religieuses, les rituels, et avoua qu'il avait lui-même adopté les rites sacrificiels de ses aïeux. Installé dans le Nord comme moniteur de ski, Kaartinen avait enrichi les idées religieuses des peuples finnois d'ajouts lapons et il suivait toutes ces coutumes lorsqu'il était seul au fond des bois. Dans les villes, la pratique de la religion était impossible, expliqua Kaartinen.

Kaartinen raconta avoir sculpté à la scie électrique, aux sources du Ruisseau-à-la-con, au bord d'un petit étang, son propre dieu-poisson, fétiche qu'il venait adorer en dehors des saisons touristiques. Au centre de son cercle sacré, il avait dressé une table de pierre sur laquelle il immolait des animaux vivants, mésangeai attrapé au filet ou lagopède pris au piège, parfois même un chiot acheté à Ivalo. Il avait maintenant voulu sacrifier un véritable animal libre de la forêt, le lièvre de Vatanen, et quand Vatanen avait refusé de vendre la bête, Kaartinen n'avait plus eu qu'une solution pour apaiser ses dieux : il devait chiper l'animal à son maître. Kaartinen affirma qu'il menait actuellement une vie extrêmement équilibrée. Il sentait que les anciens dieux étaient satisfaits de lui et qu'il n'y avait pas d'autres dieux ; Kaartinen souhaitait à Vatanen cette même quiétude extraordinaire, il proposa même que d'un commun accord ils sacrifient tous deux le lièvre aux dieux.

Après cette longue biographie religieuse, Vatanen déclara pouvoir oublier l'incident, mais fit en même temps jurer à Kaartinen qu'il se tiendrait dorénavant, et surtout dans ses visées religieuses, à bonne distance du lièvre.

Quand Vatanen le soir même skia doucettement en compagnie du lièvre du Ruisseau-à-la-con vers les Gorges-Pantelantes, il ne songeait plus au monde étrange de Kaartinen. Un croissant de lune s'était levé dans le ciel, les étoiles luisaient faiblement dans le soir glacé. Il avait son propre monde, ici ; il pouvait y vivre en paix. Le lièvre sautillait silencieusement sur la piste, précédant le skieur comme un guide. Vatanen chanta pour lui.

L'ours

Vatanen abattit quelques pins solides au coin de la cabane, les scia aux bonnes mesures, les tailla en rondins, souleva le soubassement de la cabane à l'aide d'un long levier et assembla les nouveaux rondins à la place des pourris. Le mur était superbe.

Il avait coupé pour le lièvre quelques trembles du bord de la rivière et les avait traînés devant la maison. Cet animal rustique s'occupait là toute la journée. On aurait dit que lui aussi jouait les charpentiers, en tout cas, les trembles blanchissaient au fur et à mesure que le lièvre grignotait l'écorce.

Vatanen mit un carreau neuf à une fenêtre de la cabane dont la vitre avait été un jour brisée. À l'intérieur, il éventra les parquets et en cloua de nouveaux. Il transporta encore le contenu de fourmilières abandonnées pour bourrer les caissons du parquet, l'isolation était bonne. La cabane des Gorges-Pantelantes avait fière allure.

Un mois à peine s'était écoulé depuis le passage de Kaartinen quand Vatanen eut une nouvelle visite.

Dix soldats arrivèrent à skis. Ils déclarèrent être du bataillon de chasseurs de Sodankylä. Le lieutenant qui commandait la troupe expliqua à Vatanen en faisant chauffer du thé sur le poêle qu'il allait y avoir dans ces bois trois journées de manœuvres militaires du bataillon de chasseurs. Et bientôt, encore.

«Ça a été une surprise pour nous aussi. Le ministère des Affaires étrangères a demandé du spectacle pour l'excursion en Laponie des représentants des armées étrangères. L'état-major nous a ordonné d'organiser des manœuvres.»

« Foutus étrangers, traîner cinq cents hommes dans cette forêt pour pousser des hourras dans le vide.»

Le lieutenant demanda à Vatanen si l'état-major des manœuvres pouvait prendre ses quartiers dans la cabane des Gorges-Pantelantes. Les gens du ministère habiteraient au Ruisseau-à-la-con, d'après le lieutenant.

«Alors on peut venir?

– Pourquoi pas, venez donc faire vos manœuvres», promit Vatanen.

Deux jours avant le début officiel des manœuvres militaires, des gens commencèrent à affluer à la cabane des Gorges-Pantelantes. Des sous-officiers et quelques hommes arrivèrent en scooter des neiges avec des équipements radio, des cartes, de la nourriture, des tentes, des fanions. Vatanen demanda à acheter du fart et de la viande de porc, mais l'officier d'intendance lui dit :

«Sers-toi, si ça te va.»

D'autres troupes arrivèrent le lendemain. Les soldats vinrent à skis à la cabane en longues files grises, les garçons étaient épuisés. Les jeeps grondaient, les tentes surgissaient autour de la cabane, au bord du ravin, une tente même presque au fond de la gorge.

Vatanen craignait que le vacarme n'éveille l'ours. Il avait d'abord pensé ne pas parler de l'ours, mais il expliquait maintenant au major responsable des opérations que si les troupes ne s'éloignaient pas bientôt en direction du Ruisseau-à-la-con, l'ours risquait de s'éveiller et Vatanen ne pourrait répondre de rien.

«Merde si on a le temps de s'occuper d'un ours. Lisez donc ce livre de Pulliainen et vous verrez, éleveur de rennes, qu'il n'y a rien à craindre des ours.»

Dans la nuit, le thermomètre descendit au-dessous de moins vingt. Vatanen dormit mal. Il sentait le lièvre respirer à brèves saccades dans son oreille, le pauvret avait l'air nerveux lui aussi.

Et il se passa dans le sang ce que Vatanen avait craint.

Vers cinq heures du matin un groupe de soldats envahit la cabane, transportant dans une couverture l'un des leurs. Quand on eut allumé la lumière et renvoyé dehors les hommes superflus, on vit ce qui était arrivé.

Le soldat était couvert des pieds à la tête de sang gelé, sa main droite était presque entièrement arrachée. Le garçon était évanoui, sans doute à cause de l'hémorragie. Le médecin-lieutenant appelé sur les lieux pansa l'homme et lui fit une injection antitétanique. Dehors, on mit une jeep en route; le radio demanda un hélicoptère, mais l'hélicoptère était réservé à l'usage du ministère des Affaires étrangères et l'autorisation de vol fut refusée. Les porteurs essuyaient leurs mains ensanglantées à leurs jambes de pantalon.

On enveloppa le soldat mutilé dans des couvertures et on le porta dans la jeep qui partit en cahotant dans la forêt obscure vers la route la plus proche. Dehors on entendit des coups de feu, Vatanen sortit et cria dans le ravin en direction des détonations : «Ne tirez pas dans le noir, vous pourriez le toucher.»

Quand le jour fut suffisamment levé pour qu'on pût voir dehors, Vatanen descendit à skis au fond de la gorge. Les soldats racontèrent ce qui s'était passé. L'homme de corvée de chauffe était parti peu avant l'aube examiner à la lueur d'une torche les traces de l'ours, il était allé jusque dans le bois, malgré les injonctions de la sentinelle postée dehors. Un moment plus tard, la sentinelle avait vu la lampe s'éteindre, on avait entendu dans le bois un remue-ménage et des hurlements, puis plus rien. Quand ses compagnons de chambrée avaient couru au secours de leur camarade, on avait vu à la lumière de la torche se ruer hors du bois un gros ours noir, qui avait une collerette blanche au cou. Il avait éclaboussé les hommes de neige et s'était enfui dans la nuit.

Les officiers dans la cabane parlaient de l'affaire, évaluaient la situation. On constata mollement que ni la guerre ni les manœuvres ne dépendaient d'un seul homme. Le major décida de déclencher les opérations exactement comme prévu. On démonta les tentes autour de la cabane. Les soldats partirent en files de skieurs silencieuses vers le Ruisseau-à-la-con où ils devaient le lendemain donner une démonstration de bataille aux représentants des armées étrangères.

Un appel radio arriva du Ruisseau-à-la-con. Le représentant du ministère des Affaires étrangères avait appris qu'on avait vu un ours dans les Gorges-Pantelantes. Le fonctionnaire déclara que les militaires et leurs épouses étaient très intéressés par l'ours.

« Nous voudrions le rencontrer. Nous avons l'intention d'abord de le regarder, de prendre des photos et de le filmer, puis nous voudrions l'abattre. Pouvez-vous arranger la chose ? »

Le major, qui avait pris la communication, objecta. Il dit que l'ours était dangereux. Il avait cette nuit déchiqueté un homme presque à mort.

Le fonctionnaire du ministère balaya ces avertissements. Il déclara que les militaires de haut rang avaient à l'évidence une bonne expérience du maniement des armes et un armement de pointe. Ils avaient tous le grade de colonel, le major s'inquiétait sans raison.

«Mais l'ours est protégé l'hiver en Finlande, essaya le major.

– Nous en avons tenu compte. Nous avons contacté le ministère de l'Agriculture, qui nous a accordé sa permission quand nous avons expliqué que l'ours avait malmené l'un de vos hommes.»

Le major dut céder. Il envoya un véhicule tout terrain chercher pour la chasse à l'ours les représentants des armées étrangères et leurs épouses. À la tombée du jour, la voiture amena du Ruisseau-à-la-con une troupe pittoresque, composée des représentants des armées suédoise, française, américaine et brésilienne ainsi que des épouses des militaires américain et suédois.

«C'est merveilleux de pouvoir tuer ces ours polaires noirs», se réjouit l'épouse du représentant des États-Unis.

La société avait à peine la patience de passer la nuit à la cabane des Gorges-Pantelantes avant la grande chasse à l'ours du lendemain.

Le poste de commandement avec ses appareils radio dut être abandonné aux femmes pour la nuit. Le major amer se retira sous une tente d'où il continua à diriger les manœuvres.

On fit chauffer dans un bidon de lait de l'eau pour la toilette des femmes. Les hommes de troupe dépassés par leur besogne tripotaient sur le feu les récipients d'eau bouillante. On lava deux marmites de soupe aux pois que l'on donna aux femmes pour qu'elles aient au moins une possibilité de toilette intime. On recouvrit pudiquement les marmites de serviettes de toilette.

«Un miroir et un pot de chambre, merde, on a oublié ça», se souvint le sergent radiotélégraphiste.

On résolut le problème en mettant un bidon à lait dans la chambre des femmes; le fonctionnaire du ministère des Affaires étrangères fut chargé d'expliquer à quel usage il était réservé. Les femmes regardèrent le bidon à lait puis déclarèrent ravies:

«L'armée finlandaise est vraiment bien équipée! Ces w.-c. de campagne sont d'un pratique! Comment se fait-il qu'on n'en ait pas conçu de pareils pour les armées de nos pays?»

Quand enfin on eut dévissé les deux rétroviseurs de la jeep pour les donner aux femmes, le fonctionnaire du ministère put soupirer d'aise: tout était en ordre, malgré les conditions vraiment très primitives.

Le matin, deux soldats reçurent l'ordre de vider les bidons à lait utilisés la nuit par les femmes. Les hommes portèrent gravement les pots dehors. Dès qu'ils furent sortis, ils se hâtèrent de balancer les bidons loin dans la neige, où ils se renversèrent. Ils avaient autant envie de vomir que de rire.

«Vos gueules, allez les laver», cria le major aux soldats du haut des marches. «Et lavez-les bien, qu'on se voie dedans.»

Les traces de l'ours étaient faciles à repérer. On rassembla la compagnie en une file, Vatanen était presque certain que la chasse serait vaine, et il trouvait cela aussi bien.

Au bout d'une heure de ski, le groupe s'était étiré en une

longue queue inégale, seuls les représentants des armées, à l'exception du Brésilien, étaient en tête avec Vatanen. Les femmes et le reste du groupe avaient dû rester en arrière se faire du café.

Quand ils eurent skié doucement une heure encore, ce fut la surprise.

Ils tombèrent sur le gîte de l'ours, et l'ours y était encore ! Il s'était taillé dans une congère une espèce de tanière et semblait dormir sous la neige. Vatanen souffla la nouvelle de sa découverte aux hommes les plus proches, on fit courir le mot vers l'arrière. Le lièvre flairait à nouveau le danger, courait apeuré dans les jambes de Vatanen.

Le groupe se plaça en position de tir. On attendait les femmes et la queue de la troupe. Une demi-heure plus tard, les femmes en sueur titubèrent jusqu'à eux. La dame des États-Unis s'assit sur ses skis dans la neige et alluma une cigarette. Elle était totalement épuisée, le rimmel de ses yeux avait coulé sur ses joues. La dame avait l'air bien misérable, la pauvre. Sa consœur suédoise était plus pimpante, fatiguée quand même elle aussi.

Vatanen remit le lièvre entre les bras de la Suédoise et lui demanda d'en prendre soin un moment. Puis il s'approcha de la tanière. Il se sentait bizarre, le creux de l'estomac en feu. Il y avait là un ours, furieux, qui sait. Jamais encore Vatanen n'avait fait une chose pareille, pas une fois il n'avait chassé pour le seul plaisir. Maintenant qu'il en était, il avait honte et peur.

Vatanen poussa son hurlement le plus féroce. Une caméra se mit à ronronner.

L'ours émergea ahuri, mais se révéla aussitôt à la hauteur de la situation. Il secoua les débris de son repaire, se rua vers Vatanen. Vatanen le frappa d'un coup de crosse à la tête, si fort que le bois de la crosse se fendit. L'ours fonça au travers de la chaîne sur les femmes. Deux détonations claquèrent, sans toucher l'animal.

L'ours se trouva soudain face à la dame suédoise, se dressa sur deux pattes et resta là, intrigué semblait-il par cette femme serrant un lièvre sur son cœur. L'ours renifla le lièvre et prit la femme dans ses bras, de sorte qu'il y avait là trois créatures sur les genoux les unes des autres. Le lièvre et la dame couinèrent terrorisés. L'ours prit peur. Il les jeta au loin, à cinq six mètres de lui, le lièvre vola encore plus loin. Et dans un même élan, l'ours se lança dans une fuite éperdue.

On tira quelques coups de feu à ses trousses, l'un dut l'atteindre car l'ours poussa un cri, se tourna vers ses assaillants, mais reprit aussitôt sa course et fut bientôt hors de vue.

Deux hommes de troupe partirent à skis à la poursuite de l'ours, bien que cela semblât maintenant inutile. Le reste du groupe s'assembla autour de la Suédoise qui pleurait dans la neige, en pleine hystérie. Pas étonnant qu'on se laisse aller à pleurer après une telle expérience.

On appela la jeep par radio. Deux heures plus tard, la compagnie avait regagné la cabane des Gorges-Pantelantes. Devant la cabane se tenait un lourd hélicoptère de l'armée de l'air, on aida les femmes à monter à bord. La dame suédoise avait tout le temps tenu le lièvre serré dans ses bras. Elle avait trempé son pelage de pleurs et elle le prenait maintenant avec elle dans l'hélicoptère.

Vatanen protesta.

« Soyez raisonnable, laissez la dame le garder. Vous ne voyez pas qu'elle a subi un choc, dit le fonctionnaire du ministère des Affaires étrangères. »

« Le ministère vous remboursera bien entendu la valeur de l'animal. Vous pouvez vous apprivoiser un millier de nouveaux lièvres dans cette forêt, si vous voulez. »

Vatanen refusa de renoncer à son lièvre. La dame dans l'hélicoptère fit savoir que jamais elle ne pourrait songer à se séparer d'un lièvre avec lequel elle avait vécu les moments les plus atroces de son existence. Le fonctionnaire des Affaires étrangères menait une négociation nerveuse devant la cabane, sous les pales de l'hélicoptère. Il cherchait un compromis, mais ses dons diplomatiques n'avaient aucun effet sur Vatanen, les négociations piétinaient.

La dame déclara qu'elle ne pouvait en aucun cas abandonner ce pauvre petit lièvre dans ces terribles solitudes, à la merci des bêtes sauvages, livré à la torture de barbares finlandais.

Vatanen suggéra que si la dame ne pouvait sur l'instant se résigner à renoncer à ce lièvre qui ne lui appartenait pas, peut-être l'affaire se résoudrait-elle plus tard.

« C'est bon, venez avec nous », lâcha excédé le fonctionnaire des Affaires étrangères. « On peut dire que vous êtes un homme exceptionnellement mesquin. »

Le reste du groupe monta dans l'hélicoptère, on mit les moteurs en marche. Le lourd appareil militaire s'éleva dans les airs en direction de la cabane du Ruisseau-à-la-con. On menait là une véritable guerre d'hiver, mais les représentants des armées étrangères n'accordèrent aucune attention au déroulement de ces manœuvres de brousse. Ils passèrent de l'hélicoptère à la cabane, l'armée finlandaise resta dehors à crier dans le vide.

Arrêt
sur
lecture 2

Le roman de formation... et sa parodie

Le conte philosophique n'est pas le seul genre auquel emprunte *Le Lièvre de Vatanen*. On peut aussi y repérer des caractéristiques qui l'apparentent au roman de formation (appelé aussi roman d'apprentissage ou roman d'éducation), mais sur le mode comique.

Qu'est-ce qu'un roman de formation?

Le genre, dont Goethe (1749-1832) a donné la meilleure illustration avec *Les Années d'apprentissage de Wilhelm Meister*, recense tous les romans dont l'intrigue repose essentiellement sur l'itinéraire moral, spirituel, d'un personnage qui découvre l'existence et y cherche sa place, son rôle. Le récit est celui d'une initiation qui fait passer, à travers une série d'épreuves, de l'enfance à l'âge adulte. Il repose le plus souvent sur un voyage, un départ vers l'inconnu qui amène le héros à s'adapter à des situations nouvelles pour lui, et qui lui permettent de se « révéler » en découvrant les grands schèmes de l'existence. Le *Narcisse et Goldmund* d'Hermann Hesse (1877-1962) ou *Le Rouge et le Noir* de Stendhal (1783-1842) sont autant d'exemples de ce genre, dans lequel on fait aussi parfois entrer *Les Confessions* de Jean-Jacques Rousseau (1712-1778), bien qu'il s'agisse d'une autobiographie, ou *Bel-Ami* de

Guy de Maupassant (1850-1893), bien que le personnage principal soit dès le départ adulte (son initiation est plutôt sociale que spirituelle). Vatanen n'est certes pas non plus un enfant, mais il renaît métaphoriquement dans la clairière du premier chapitre et pose dès lors un regard neuf sur l'existence. Il entreprend un voyage au cours duquel il traverse des épreuves. Il a beaucoup à apprendre sur lui-même et sur le monde qu'il découvre, loin d'Helsinki. Sa quête identitaire est celle d'un accord, d'une paix existentielle.

Un apprentissage parodié

La première épreuve qu'il traverse au commissariat (chapitre 6) démontre surtout son manque d'expérience et met en lumière son immaturité. Vatanen est en effet arrêté parce qu'il s'est trouvé au mauvais endroit, au mauvais moment : descendu au hasard, « sur un coup de tête », de l'autocar Kuopio-Nurmes, il a le temps de se sentir totalement démuni, avant d'être dénoncé par les Laurila, pour vagabondage. Le paysage, en quelque sorte, le refuse ; il n'y a pas sa place. Il apprend par la suite à s'organiser, à justifier sa présence par des travaux qu'on lui confie, et à lutter pour son existence, en défendant ses provisions de bouche des attaques du corbeau (chapitre 13), notamment. La « formation » commence par la nécessité de se prendre en charge, de se détacher de toute tutelle.

Trois chapitres sériés mettent ensuite le personnage en relation avec les éléments majeurs de l'initiation : l'amour, au chapitre 9 ; le sacré, au chapitre 10, et la mort, au chapitre 11. Le traitement comique de ces scènes tire toutefois le récit vers la parodie du roman de formation. Le sérieux habituel de ces thèmes, qui permet d'insister sur ce que les expériences amoureuses, funèbres ou sacrées ont de bouleversant et de constitutif dans l'histoire du sujet qui les vit, fait place à une narration beaucoup plus drôle. Ce traitement burlesque de sujets sérieux est le propre de la parodie. Le comique doit alors beaucoup aux situations imaginées, mais il provient aussi de la relation construite entre le personnage et le lecteur. Cette relation offre quelques variations intéressantes.

L'amour

Lorsque Vatanen se retire dans la grange avec Irja, le lecteur subit un peu le même sort que le lièvre sommé d'attendre devant la porte : la scène d'amour, celle qui dans le roman de formation permet souvent au héros de se découvrir en tant qu'être charnel, est narrée cette fois sur le mode de l'implicite : le lecteur doit compenser par l'imagination le manque d'informations, le personnage étant hors champ. Ce mélange de pudeur et de grivoiserie, le tout étant cousu de fil blanc, fait plutôt sourire. Il semble bien que tous, personnages ou lecteurs, aient déjà été initiés. La rencontre amoureuse, sur la route du personnage, thème éminemment fondateur du roman de formation, tourne au sketch.

Le sacré

Le même traitement semble réservé au sacré, même si dans l'église la narration adopte un autre dispositif, celui du témoin caché. Vatanen observe en effet le pasteur qui ignore sa présence. Le lecteur et le personnage sont cette fois sur un pied d'égalité et se réjouissent ensemble de ce western en soutane, qui mêle la farce et le sacré. Celui-ci, élément indispensable dans tout récit d'initiation, est ici ramené systématiquement au niveau du profane. En témoignent les crottes du lièvre sur l'autel, la balle venue se ficher dans la rotule du Christ en croix ou encore le malentendu sur les sentiments du prêtre (p. 106-107) :

> Après avoir béni le jeune couple, il fit un bref discours, les yeux humides. Quelques femmes traduisirent cette humidité à leur manière et se mirent à verser des pleurs.

La complicité entre le lecteur et le personnage a même un petit air de sacrilège, ce qui la renforce d'autant. Vatanen va jusqu'à jurer au pasteur qu'il ne racontera jamais ce qu'il a vu dans l'église : le clin d'œil au lecteur est cette fois très appuyé.

La mort

Après l'amour et le sacré, fidèle aux canons du genre, le roman narre une rencontre avec la mort. Au chapitre 11, Vatanen dort, sans le savoir, auprès d'un mort dont il bouscule la dépouille. Il finit au milieu de la cour, face à la famille, le cadavre dans les bras, persuadé qu'il faut lui porter secours. Le lecteur est cette fois en position de force par rapport au personnage, s'il a interprété les signes glissés dans la narration : l'inquiétude du lièvre, le fait que « l'homme » soit couché sur un établi, par exemple. Il a pu deviner ce que Vatanen ne comprend qu'au dernier moment. Cette supériorité lui permet de se moquer, de goûter le ridicule de la situation. L'erreur de Vatanen provoque un quiproquo dans lequel il s'enfonce lamentablement. Ce procédé comique est certes macabre, l'humour plutôt noir. Il pervertit radicalement ce que la mort peut avoir de sérieux. Là encore, un thème propre au roman d'éducation trouve son contrepoint parodique.

Doux dingues et fous furieux : un roman fait de nouvelles ?

Un album photos à feuilleter

De tous les personnages qui peuplent *Le Lièvre de Vatanen*, seul le personnage principal est présent du début à la fin. Les autres ne font que des apparitions, le temps d'un chapitre, voire de quelques pages. Chacun tient un rôle épisodique puis disparaît. Le roman est donc constitué d'une succession de portraits éphémères et ressemble un peu à un album photos dont chaque cliché évoquerait une anecdote, une péripétie sur la route de Vatanen. Cette structure en médaillons offre une relative autonomie à chaque chapitre, et cette autonomie tire un peu le roman vers le recueil de nouvelles. L'histoire de Kurko (chapitre 12), par exemple, pourrait être supprimée sans remettre en question la cohérence du récit dans son ensemble, et publiée à part. Il serait de même envisageable d'inverser deux chapitres (10 et 11) ou d'en insérer de nouveaux. Cette structure fragmentaire offre donc à l'auteur une grande souplesse. Elle prend ses distances avec les schémas classiques du roman qui compose et entremêle les parcours de personnages distincts, chacun interférant avec le destin des autres.

Brèves rencontres

Le lecteur, par ailleurs, peut être surpris de l'étrangeté de certains comportements : le commissaire Hannikainen poursuit sa lubie à propos du président Kekkonen, le chauffeur du bulldozer dévaste le campement et s'échoue au milieu du lac avant d'être évacué, écumant de folie furieuse, et le cas de Kaartinen (le sacrificateur) relève lui aussi de la psychiatrie. Chacun de ces personnages est un cas, et tous sont présentés en pleine crise (p. 72, 90, 140) :

> Hannikainen présentait ses dessins, très excité, les yeux fiévreux, le sourire triomphant [...] Quelques militaires vinrent chercher l'homme. Ils l'emportèrent dans la forêt sur une civière à laquelle il fallut l'attacher [...] Kaartinen exposa avec feu à Vatanen la religion qu'il pratiquait depuis déjà plusieurs années.

La brièveté de leur apparition est donc conjuguée à la montée d'un paroxysme dans lequel ils semblent donner toute leur mesure, révéler totalement leur être : une scène suffit à l'exposé de leur existence tout entière. Ce mode de construction, rapide mais intense, des personnages est lui aussi caractéristique de la nouvelle.

Un Candide finnois

Vatanen au contraire sert de fil conducteur, assure la cohésion du récit et contrebalance sa propension à l'éclatement : il est en effet l'élément invariant autour duquel gravitent des figures ponctuelles qui n'existent que le temps d'une rencontre avec lui mais qui ne se connaissent pas entre elles. Grâce à lui, le récit se fait « relation » : à la fois compterendu de voyage et mise en rapport, création d'un lien. En lui fusionnent les nouvelles pour donner un roman véritable. Vatanen, en effet, a quelque chose de l'explorateur qui découvre des indigènes aux coutumes étranges, et qui en rend compte, étape par étape. Il est un peu le Candide de Voltaire rencontrant un nègre au Surinam ou le noble Pococuranté ; il est un peu le muet du roman de Carson McCullers, *Le cœur est un chasseur solitaire*. Lui non plus, d'ailleurs, n'est pas exempt de folie : son histoire commence également par une crise. Mais la sienne le libère, lui procurant le sentiment d'être resté trop longtemps étranger à lui-même. Elle lui ouvre une vie nouvelle, tandis que tous les autres restent enfermés dans leur folie.

Pour une lecture : la confession de Kaartinen

Introduction

L'extrait que nous avons choisi de lire méthodiquement s'étend depuis « Le récit de Kaartinen était long et plutôt inhabituel » (p. 138), jusqu'à « [...] ils sacrifient tous deux le lièvre aux dieux » (p. 141).

Kaartinen fait partie de ces personnages hauts en couleur qui apparaissent ponctuellement dans *Le Lièvre de Vatanen*. Celui-ci s'insère dans la trame du récit à l'occasion d'une péripétie qui concerne le lièvre. Mais au-delà de l'événement narré, le portrait ouvre des perspectives beaucoup plus lointaines qui peuvent intéresser le lecteur à plus d'un titre.

1 – Une « biographie religieuse »

a) Un champ lexical imposant :
Le passage consacré à Kaartinen n'est pas seulement un portrait : il constitue un récit de vie, une biographie. On y trouve en effet les repères habituels qui évoquent, chronologiquement, l'enfance (« L'homme raconta avoir grandi »), puis les années de formation intellectuelle (« Le fils avait passé son baccalauréat puis avait été envoyé à la faculté de théologie de l'université de Helsinki ») ; viennent ensuite les débuts dans la vie active (« À son premier et d'ailleurs unique poste d'enseignant ») et le point sur la situation du personnage au moment de l'action (« Kaartinen affirma qu'il menait actuellement une vie extrêmement équilibrée »).

Or, cette vie est tout entière placée sous l'influence de la religion, dont le champ lexical est très présent : « parents très pieux », « pasteur », « faculté de théologie », « enseignement luthérien », « doute », « étude des religions », « scepticisme », « prêcher la parole de Dieu devant les fidèles», «Jésus-Christ», «religions asiatiques», «culte», «la foi de ses ancêtres», «shaman», «incantations», «sacrifices», «rituels», «mât totémique», «immolait». Trois religions sont évoquées tour à tour : le protestantisme, donnée fondamentale de la civilisation finlandaise; le bouddhisme; les cultes païens des ancêtres finnois. Le cas du «tolstoïsme» est un peu à part puisqu'il évoque le système religieux construit dans l'œuvre théologique de Tolstoï, dérivation naturiste du christianisme primitif, propre au peuple russe. La confession de Kaartinen mêle enfin des évocations d'autres courants de pensée qui, bien que laïcs, ont été abordés religieusement par Kaartinen. Tel est le cas de l'anarchisme et du culte national.

b) Quand le doute s'insinue :

Ce bric-à-brac religieux témoigne avant tout de l'instabilité du personnage qui poursuit sa lubie avec une rare constance au travers de ses divers avatars. Un même sentiment d'insatisfaction revient en effet de façon récurrente, qui pousse le personnage à abandonner toutes les voies qu'il envisage de suivre : «le doute le tenaillait» quand il envisage d'être pasteur, puis il est dit qu'«il s'enticha du tolstoïsme» (le verbe souligne le manque de profondeur du sentiment religieux). Tous les moments d'enthousiasme, à l'exception du dernier, tournent court : «les sentiments religieux de Kaartinen dans cette direction se dissipèrent par la force des choses; l'ancien instituteur renonça aux enseignements anarchistes». L'image que l'on peut se faire de lui est donc celle d'un névrosé, incapable de se structurer, tant il est miné par sa marotte, son idée fixe. Son problème n'est donc pas de trouver la religion qui lui convienne mais d'être capable de vivre en paix avec lui-même. Il est en effet dépeint comme un être inapte, hanté par ses démons : «ces études ne satisfaisaient pas la sensibilité du jeune homme; ce jeune homme dans l'esprit sensible duquel naviguaient d'étranges visions du monde». Les échecs sur son parcours le démontrent bien : échec de ses études de théologie, renvoi de son poste d'enseignant. Le calme relatif qu'il dit avoir atteint est lui aussi parfaitement irrationnel : «Il sentait que les anciens dieux étaient satisfaits de lui», et le «feu» qui le dévore encore ne laisse guère de doute sur son état mental.

2 – Humour noir

a) L'usage du discours indirect libre :

Le personnage de Kaartinen est donc plutôt inquiétant. Il s'agit d'un fou, porté à des excès de violence, qui n'hésite ni à voler ni à tuer d'innocentes victimes. Vatanen a dû recourir à la force pour lui faire entendre raison. C'est pourtant moins l'inquiétude que l'amusement qui prévaut dans ce portrait à charge. Les effets comiques sont d'abord élaborés grâce à l'utilisation du discours indirect libre. Nul doute en effet que c'est bien Kaartinen qui raconte, la troisième personne est une première personne déguisée, le narrateur intervenant à titre de relais. De nombreuses transpositions sont possibles qui feraient écrire, par exemple : « Mais ces études ne satisfaisaient pas ma sensibilité ; je ne croyais pas à l'enseignement luthérien comme j'aurais dû, le doute me tenaillait, etc. » Le décalage induit par le discours indirect libre permet alors de supposer une distance du narrateur que le personnage n'a pas, par rapport à ce qui est dit. Lorsque Kaartinen évoque par exemple la réaction de ses parents à son projet de voyage en Asie, il ne retient que leur refus « d'admettre quelque point de vue hindou que ce soit ». Or, cette naïveté qu'on peut prêter au personnage semble impossible chez le narrateur qui suggère implicitement que la réaction parentale tenait plus certainement à des considérations psychologiques et financières autrement prégnantes. Le discours indirect libre permet donc de signaler des messages implicites qui sont autant de clins d'œil au lecteur. Une même complicité, faisant sourire au détriment de Kaartinen, est à l'œuvre dans l'évocation de ses cours d'instituteur, qu'on imagine trop bien semant la pagaille dans l'école sans se rendre compte de rien.

b) Criminel ou victime ?

Enfin, au-delà de son personnage, c'est à une caricature de la société finlandaise tout entière que se livre Paasilinna. L'écart que représente Kaartinen en dit long en effet quant à la norme. On peut ainsi considérer « le sacrificateur » comme un pur produit d'une nation confite dans la religion, le culte des ancêtres et le sentiment national. Le côté ridicule de Kaartinen n'est que le grossissement de tendances sérieuses poussées jusqu'à l'extrême. Quelle crédibilité peut-on donner en effet à un homme en quête de son identité nationale à travers le tolstoïsme russe ou les religions asiatiques ? La religion elle-même est décrite comme une donnée sociale, bien plus que comme un engagement sincère : « des parents pieux avaient décidé que leur fils serait pasteur. […] Il eut là aussi affaire à la religion luthérienne, mais la présence de Jésus-Christ n'était pas tout à fait aussi sensible qu'à Helsinki ». Quant au retour aux rituels ancestraux, il donnera lieu dans *Le Fils du dieu de l'Orage*, que Paasilinna publie en 1984, à une satire comparable à celle qu'il livre ici. Kaartinen est donc plus une victime qu'un criminel. Les « dizaines d'ouvrages dont les auteurs avaient été aiguillonnés par la volonté d'exalter le sentiment national finlandais » lui ont tourné la tête. Leur mention suffit à montrer qu'il incarne une tendance forte de la culture de son pays, qu'il ne fait que la pousser à son paroxysme. Kaartinen est représentatif, dans l'excès, d'un peuple que l'auteur fustige pour son entêtement à se fermer sur lui-même. Dans ce passage, la famille, l'école et les intellectuels sont remis en question par l'insatisfaction chronique d'un enfant du pays qui ne trouve d'exutoire que dans la folie. Kaartinen est donc une sorte d'anti-Vatanen : il s'enferme quand l'autre se délivre.

Le bricolage : une philosophie de la nature

Imagination et débrouillardise

> On a du temps, au fond des bois, et Vatanen décida d'en tirer profit pour ses réparations.

Les premières rencontres de Vatanen avec le monde sauvage sont marquées par une hostilité des éléments naturels à l'égard de l'homme. Il faut d'abord se battre contre l'incendie de forêt qui affole les bêtes et épuise les sauveteurs. Vatanen découvre ensuite le piège des marécages qu'il traverse avec la vache et son veau. Puis il lui faut défendre ses vivres de la voracité du corbeau. La nature est bien peu accueillante. Décidé à y vivre, Vatanen découvre donc la nécessité de s'y aménager un espace vivable. La cabane des Gorges-Pantelantes lui en offre l'occasion aux chapitres 14 et 15.

En France, les éleveurs posent pour la postérité avec leur plus beau bœuf. En Finlande, c'est avec leur plus beau renne, dont l'élevage est très courant… un véritable tableau couleur locale.

Les travaux auxquels il se livre sont alors racontés avec force détails, tant en ce qui concerne les matériaux utilisés, avec leurs particularités physiques ou techniques (comme le fait que le mortier puisse geler au lieu de sécher), qu'en ce qui concerne le dispositif imaginé par Vatanen : la tente sur le toit qui retient la chaleur de la cheminée. L'accent est mis sur l'ingéniosité du personnage qui parvient à tirer parti de tout ce dont il dispose : le bois pour faire le feu, le feu pour chauffer l'eau, l'eau pour assouplir le feutre, etc. Cette ingéniosité confère au personnage le don de maîtriser la nature tout en la respectant. Elle lui permet d'utiliser des ressources qui n'attendent que son intervention pour se plier à ses besoins.

Le mythe de Robinson revisité
Ce thème abonde dans l'œuvre de Paasilinna où il revient avec une surprenante régularité. Il était déjà présent dans *Prisonniers du paradis*, où

l'on peut apprendre à fabriquer un réfrigérateur à l'aide de l'énergie solaire et d'une bâche en plastique ; on le retrouve encore dans *Le Meunier hurlant*, lorsque, à la manière de Vatanen aux Gorges-Pantelantes, le personnage principal restaure un vieux moulin, par exemple. Partout le système D est érigé au rang de philosophie pratique. Il marque en effet la possibilité d'un accord entre l'homme et le monde, accord qui n'est possible que dans la réalisation concrète et qu'on peut donc opposer à la théorie, voire aux idéaux, dont on a vu, avec l'évocation des journalistes aigris, qu'ils pouvaient se révéler stériles ou du moins incapables d'assurer le bonheur aux hommes. Le salut réside dans le savoir-faire bien plus que dans le savoir. Vatanen est un intellectuel reconverti en homme à tout faire.

La figure de Robinson Crusoé apparaît ainsi derrière celle de Vatanen. On a d'ailleurs souvent rapproché les romans de Paasilinna de celui de Daniel Defoe (1660-1731). *Prisonniers du paradis* met en scène le naufrage des passagers et de l'équipage d'un avion sur une île où il faut réaménager la vie sociale, dans ses aspects pratiques, politiques, etc. On trouve chez l'un et l'autre l'évocation d'une solitude besogneuse, la description d'une lutte avec la nature qui tourne à la découverte d'une possible collaboration. Robinson et Vatanen s'adaptent au monde sauvage pour pouvoir l'adapter à leur tour à leurs besoins. L'idée de réconciliation sous-tend cette philosophie ; elle s'oppose au divorce entre l'homme et le monde qu'impose la vie citadine.

Finnitude, ou le roman comme guide touristique

> Le mois d'août était déjà bien avancé, il était tombé de la neige, le matin, mais elle avait fondu tout de suite.

Pour un lecteur français, la lecture du *Lièvre de Vatanen* offre l'attrait exotique des littératures étrangères en général, et nordiques en particulier. De nombreux éléments éparpillés dans le récit le confrontent en effet à des réalités spécifiquement finlandaises et la lecture se fait ainsi découverte et voyage, rencontre avec un peuple, un climat, des rites et des coutumes qui le dépaysent.

Patronymes et toponymes

Comme dans la lecture des romans russes, le lecteur est d'abord confronté à des noms propres aux sonorités déroutantes. Les personnages se nomment Hannikainen, Salosensaari, Irja, Kurko (« abréviation déformée » de « roi des forêts ») ou Kaartinen. Les localités quant à elles s'appellent Vehmasjärvi, Rautavaara, Nilsiä, Tuntsa, Sonkajärvi, Kuhmo, Rovaniemi, etc. À travers ces mots, c'est un peu de la réalité linguistique finlandaise qui transparaît, sans que l'on puisse toutefois deviner que cette réalité est double, puisque les Finlandais se divisent entre une majorité parlant le finnois (majorité à laquelle appartient Paasilinna) et une minorité suédophone (moins de 6 %, Helsinki se dit

Une vue aérienne de la Finlande, qui révèle un paysage très particulier : des lacs et des forêts à perte de vue...

Helsingfors, par exemple). Les deux langues sont parfaitement différentes l'une de l'autre, ces deux parties de la population provenant
d'ethnies qui ne partagent aucun lien de parenté.

Géographie

La Laponie n'est pas une région exclusivement finlandaise puisqu'elle
occupe également des parties de la Norvège, de la Suède et de l'ex-
URSS. Elle constitue le territoire d'une autre ethnie : les Sâmes. Ces derniers vivent essentiellement de l'élevage des rennes : en Laponie, l'été est
tellement court que les céréales ne poussent pas, le sol étant pratiquement toujours gelé. Ces habitants sont relativement autonomes par rapport au reste du pays, ont leurs propres coutumes et mode de vie (p. 36) :

> Il salua Vatanen en lui serrant la main, ce qui en Laponie paraissait
> une coutume assez étrange.

... et des réserves de bois flottants un peu partout sur ces lacs. Les métiers du bois occupent
une bonne partie de la population finlandaise. Paasilinna décrit souvent dans ses romans des
figures de bûcheron, ce qu'il a lui-même été.

Ils rencontrent pourtant des difficultés à maintenir leur identité. Paasilinna, qui connaît bien la région, fait dire à son narrateur (p. 134) :

> Depuis la construction du lac artificiel de Lokka, les pâturages des rennes avaient diminué de surface. Le système établi était désorganisé, rassembler les rennes était devenu plus ardu.

Le nord de la Laponie est occupé par la toundra et par des marais. Au sud commence la forêt qui recouvre les deux tiers de l'ensemble du territoire national. C'est d'ailleurs dans la forêt de Sompio que se trouve la cabane des Gorges-Pantelantes. Les cours d'eau et les lacs y sont légion (12% de la superficie), pour le plus grand bonheur du commissaire Hannikainen qui passe sa retraite à la pêche, et pour celui de Vatanen (p. 83) :

> Dans la nuit, l'incendie atteignit le ruisseau. C'était féerique : les arbres flamboyants illuminaient la nuit, ils palpitaient telles de grandes fleurs rouges des deux côtés du ruisseau. La chaleur était insupportable au point que les hommes durent rester pendant l'incendie au milieu du ruisseau, la tête seule exposée à la brûlure des lueurs rougeoyantes.

Histoire

Quelques allusions du texte ne peuvent être comprises que replacées dans leur contexte historique. La Seconde Guerre mondiale, par exemple, est évoquée deux fois. Dans le chapitre 12, Kurko fait une drôle de trouvaille (p. 117) :

> Au milieu du fleuve, il y a plus de dix mètres de fond. J'y ai trouvé au moins cent tonnes de ferraille de la dernière guerre. Il y a près d'une vingtaine de canons, au moins un tank, des grosses caisses, tout ce qu'on veut.

et plus loin :

> Tout le bazar avait dû être flanqué à l'eau au cours de la retraite des Allemands pendant la bataille de Laponie.

Cette « bataille de Laponie » s'est déroulée à la fin de la guerre, en 1945, les Finlandais chassant par la force les dernières troupes allemandes de leur territoire. Cette dernière partie de la guerre faisait suite à la guerre dite de «continuation», au côté des Allemands et contre l'URSS, qui elle-même continuait la «guerre d'hiver» contre l'URSS, elle aussi évoquée dans le texte : «On menait là une véritable guerre d'hiver.»

Le chapitre 7 évoque également une figure historique, celle du président Kekkonen. Celui-ci fut élu une première fois en 1956 et se maintint au pouvoir jusqu'en 1981, établissant un record inégalé en Europe de longévité politique. L'explication que donne Hannikainen de cette longévité est la suivante (p. 73) :

> Je suis convaincu qu'aux alentours de 1968 l'«Ancien Kekkonen» est mort ou a été assassiné – ou s'est retiré pour une raison quelconque de la vie publique – tandis qu'un nouvel homme, identique en tout point et jusqu'à la voix au précédent, l'a remplacé.

Kekkonen a succédé à Paasikivi dont les funérailles sont évoquées à la page suivante.

à vous...

1 – L'extrait suivant est tiré du *Robinson Crusoé* de Daniel Defoe (traduction de Jacques Brécard, Hachette Jeunesse). Il figure dans un chapitre intitulé «La philosophie de Robinson». Dans quelle mesure cette philosophie est-elle également celle de Vatanen? Relevez les points communs et les différences.

> «Je crus pouvoir me féliciter qu'une puissante barrière me garantissait des vices du siècle. Je n'avais rien à convoiter, parce que je possédais tout ce dont j'avais besoin. J'étais le seigneur du lieu; je pouvais même, si bon me semblait, me donner le titre de roi ou d'empereur de mon île, car tout était soumis à ma puissance. J'y exerçais un empire despotique, et aucun rival ne m'y disputait la souveraineté. J'aurais pu amasser des magasins de blé, mais ils ne m'auraient été d'aucun usage; et c'est pour cela que je n'en faisais pas croître plus qu'il ne m'en fallait. Je pouvais avoir des tortues à discrétion mais il me suffisait d'en prendre une de

temps en temps, pour fournir abondamment à mon nécessaire. J'avais assez de merrain pour construire une flotte entière ; et quand ma flotte aurait été construite, j'aurais pu faire d'assez abondantes vendanges pour la charger de vin et de raisins secs. Mais les choses dont je pouvais faire usage étaient les seules qui eussent de la valeur à mes yeux, or il ne me manquait rien de ce qui était nécessaire pour ma nourriture et mon entretien : de quoi donc m'aurait servi le surplus ?

Bref, la nature même des choses et mes expériences me convainquirent qu'en ce monde rien n'est bon que dans la mesure où nous nous en servons, à la réserve néanmoins de ce que l'on peut amasser pour exercer la libéralité envers les autres. J'ai déjà fait mention d'une somme, tant en or qu'en argent, qui montait à peu près à trente-six livres sterling. C'était à mes yeux quelque chose de moins précieux que la boue, et je me disais souvent que je donnerais volontiers de cet argent pour quelques pipes à fumer, pour du tabac, ou pour un petit moulin à moudre mon blé. Que dis-je ? J'aurais donné le tout pour autant de semence de carottes. »

2 – Au chapitre 8 consacré à l'incendie de forêt, le narrateur mentionne la présence de la presse sur les lieux du sinistre : «La télévision interviewait apparemment le secrétaire de mairie de Rautavaara. La rédactrice de *L'Écho du Savo* prenait des photos, Vatanen eut ainsi droit aux honneurs de la presse.»
Rédigez l'article de presse de *L'Écho du Savo* consacré à cet incendie. Vous utiliserez toutes les informations utiles délivrées par le narrateur quant à l'étendue du sinistre, sa localisation, les moyens mis en place pour le maîtriser, etc.

3 – Parmi tous les personnages rencontrés par Vatanen entre les chapitres 7 et 15 inclus, lequel a le plus retenu votre attention ? Expliquez les raisons de votre préférence.

16

Le dîner

Dans le vaste dortoir de la cabane du Ruisseau-à-la-con, on avait dressé sur une grande table un somptueux dîner : la table de planches brutes était recouverte d'une nappe blanche et chargée de mets fins apportés de Helsinki. On avait disposé autour de la table des chaises pour plus de vingt personnes. Au milieu de ces délices, entre les coupes de fruits, il y avait les drapeaux miniature de chacun des pays des chefs militaires. Le fonctionnaire du ministère des Affaires étrangères était assis à un bout de la table, un général du haut commandement à l'autre.

Les tueuses d'ours allèrent se changer et entrèrent par le haut bout de la salle pour le dîner, qu'on commença par des canapés de poisson. Vatanen remarqua qu'il restait deux chaises vides près du général. Il en prit une, car il se sentait affamé.

Le fonctionnaire du ministère jeta un regard furieux à Vatanen, mais ne dit rien. L'homme du haut commandement, général de brigade, qui était assis à côté de Vatanen, le salua militairement.

Il y avait du rosé et du vin blanc, Vatanen prit du premier. Après les hors-d'œuvre, on apporta le potage, une bisque préparée à partir de crevettes en conserve, d'une légère couleur minium. Elle était néanmoins délicieuse.

On bavardait à table des événements de la journée, et la Suédoise et l'Américaine durent en particulier répondre à un feu roulant de questions sur la chasse à l'ours. Elles racontèrent leurs expériences, surtout la Suédoise, et l'auditoire soupirait effaré des épreuves et du courage de la dame suédoise, chacun s'extasiant sur sa chance extraordinaire. Elle parla également du lièvre, qui était déjà presque oublié. On partit promptement à sa recherche et on le remit entre les mains de la dame. Celle-ci le posa sur la nappe et se mit à le caresser.

«Jamais je ne pourrai me séparer de cette adorable créature, si courageuse! Je suis absolument certaine que l'ours m'aurait tuée si ce pauvre animal innocent n'avait pas été dans mes bras.»

Le général du haut commandement demanda à Vatanen s'il était vrai que le lièvre fût à lui. Vatanen déclara qu'il en était bien ainsi et murmura qu'il n'avait pas la moindre intention de l'abandonner comme mascotte à la dame.

«Il va peut-être être difficile de le récupérer, maintenant», dit le général à mi-voix.

La dame donna des feuilles de salade au lièvre et il se mit frénétiquement à manger. Une vraie moulinette. Un cri de ravissement courut autour de la table. Le lièvre partageait le repas des autres héros de la partie de chasse! La tablée s'émut bruyamment.

Au tapage, le lièvre prit peur. Il lâcha un chapelet de crottes, qui roulèrent sur la nappe; il en tomba quelques-unes dans le potage de la dame suédoise. Le lièvre bondit au milieu de la table, échappant à la dame,

renversant une bougie et laissant de-ci de-là parmi la nourriture une crotte effrayée.

Les invités autour de la table se levèrent avec précipitation, seuls le général et Vatanen restèrent assis. Le général
prit son assiette de potage sur les genoux quand il vit que le
lièvre se dirigeait vers lui, sautillant sur la table.

Vatanen saisit le lièvre par les oreilles et le posa par
terre, d'où la pauvre bête fila dans un coin. Les invités se
rassirent, le silence régnait.

La Suédoise semblait plutôt nerveuse. Elle tripota les
feuilles de laitue de la main gauche comme s'il s'agissait
d'une serviette et lapa quelques cuillerées de potage avant
de s'apercevoir que des crottes de lièvre flottaient à la surface. Elle s'énerva encore, fixa son assiette, puis se mit à
repousser délicatement de sa cuiller les crottes vers le bord
de l'assiette, comme certains trient les grains de poivre
dans la soupe aux pois. Quand elle eut repêché les crottes,
elle renifla nerveusement, trempa avec réticence sa cuiller
dans le potage pour la lâcher ensuite brusquement sur la
nappe, s'essuyer la bouche dans les feuilles de salade et
déclarer d'un ton embarrassé :

«Que je suis stupide... pourrais-je avoir un autre
potage?» On changea l'assiette de la dame, on ramassa soigneusement les crottes de lièvre, on étala une nappe propre
sur la table. On offrit en attendant un verre de vermouth.

Le repas se poursuivit. La conversation n'effleura plus la
chasse. La dame suédoise ne toucha pas à sa nouvelle
soupe. Elle fixait son assiette, adressait par moments des
paroles insignifiantes à ses voisins de table; on arriva ainsi
au plat de résistance. C'était du lièvre, quelle coïncidence.

La nourriture était bonne, mais bien peu en reprirent, la
situation était délicate. On servit rapidement le dessert (des

chicoutés à la crème fouettée) puis on se leva de table. On changea les nappes, le café et les liqueurs arrivèrent, avec du cognac. À ce moment seulement, l'atmosphère se détendit.

On voyait par la fenêtre de la cabane les soldats aller et venir à skis et des jeeps grondaient dans le crépuscule. Les invités regardaient sans enthousiasme par la fenêtre, on aurait dit un écran de télévision qu'on aurait laissé branché le temps d'une émission sans intérêt : l'image s'assombrit lentement jusqu'à devenir tout à fait noire. On n'entendait plus que les sons : les cris de guerre des soldats skiant dans les bois résonnaient, les détonations étouffées des balles à blanc et le bruit des véhicules parvenaient jusqu'à l'intérieur de la cabane du Ruisseau-à-la-con où les invités de marque papotaient aimablement.

Le feu

Quand Vatanen s'installa pour la nuit avec son sac et son lièvre sur le plancher du dortoir de la cabane du Ruisseau-à-la-con, le fonctionnaire du ministère des Affaires étrangères s'approcha de lui et lui dit :

« Il me semble que vous n'avez absolument rien à voir avec notre groupe… monsieur Vatanen, c'est bien votre nom… je vous suggère de disparaître d'ici avec votre fichu lièvre et de ne plus vous y montrer. Ce serait la meilleure solution pour nous tous. J'ai parlé avec le représentant de l'armée suédoise et il est de mon avis. Il m'a dit que sa femme n'est plus aussi décidée qu'hier à garder votre lièvre. »

Vatanen commença à ramasser ses affaires.

« Je me demande quand même comment vous avez osé vous asseoir à la table officielle, vous l'avez fait exprès ? Et cette bestiole, vous devez l'emmener. Elle a déjà causé plus d'ennuis que vous ne pourrez jamais imaginer.

— Mais c'est la dame qui a décidé qu'elle ne pouvait pas se passer de ce lièvre, marmonna Vatanen.

— Saleté de bestiole, c'est de là que vient tout le mal. Et ne me parlez pas de ce que peut vouloir une bonne femme.

Je vais vous donner cent marks, ou même deux cents, j'en ai par-dessus la tête.»

Vatanen accepta deux billets de cent marks, demanda :

«Vous voulez un reçu ?

– Au nom du ciel, disparaissez.»

Vatanen avait réuni ses affaires, il glissa le lièvre dans le sac, la tête dépassant de l'ouverture. Il se dirigea vers la porte, tendit quand même d'abord la main au fonctionnaire, qui se contenta de renifler furieusement. Dehors, Vatanen chercha le départ du sentier et marcha deux cents mètres jusqu'aux tentes des hommes de troupe. Il alla s'allonger dans une tente de section. Les soldats épuisés faisaient du thé, on en offrit aussi à Vatanen, personne ne lui demanda rien. Le poêle était tout noirci, l'homme de corvée de chauffe y entassait de nouvelles bûches de bouleau vert, quelqu'un geignait dans son sommeil.

Peu avant l'aube, il y eut une alerte, mais personne ne quitta la tente. Quelqu'un sortit un paquet de cartes. Vatanen s'ébroua et déclara qu'il mettait le pot, qui voulait jouer ?

Vatanen posa les deux cents marks sur le tapis, expliqua d'où venait l'argent, et toute la chambrée entama une partie de poker.

Une heure plus tard, l'argent était partagé. Quelqu'un qui avait fait un tour dehors raconta qu'une des femmes de diplomate avait mangé au dîner de la soupe à la merde de lièvre.

On reçut l'ordre de plier les tentes avant six heures.

Personne ne fit le moindre geste pour exécuter l'ordre. Une attaque de nuit semblait en train à l'extérieur, les hommes participèrent de l'intérieur à la manœuvre en poussant de toutes leurs forces des hourras guerriers. La bataille se poursuivit, on entendit bientôt des bruits de moteur, des salves fatiguées retentissaient au loin.

Vers neuf heures, Vatanen sortit. Il faisait encore noir, mais sur le terrain les opérations militaires se précipitaient, il fallut mettre fin à la vie sous la tente. On ne démonta toutefois pas tout de suite le campement.

Et heureusement, car la cabane du Ruisseau-à-la-con était la proie des flammes et brûlait certainement depuis une paire d'heures. Ceux qui dormaient à l'intérieur s'étaient réveillés, au moment même où les vitres commençaient à pleuvoir dans la neige sous la force des flammes. Des militaires avec leurs épouses, en sous-vêtements, se bousculaient pour sortir de la grande cabane de rondins, ça criait fort. On tirait vers le ciel des fusées éclairantes, la guerre des soldats passa à l'arrière-plan.

Vatanen accrocha sac et lièvre à une branche d'arbre et courut à la cabane. Les alentours étaient pleins de gens enroulés dans des couvertures qui se plaignaient en plusieurs langues de la situation. La baraque flambait de tous côtés, le feu semblait avoir pris dans la cuisine, dont le plafond s'effondra.

Le général de l'état-major se tenait en chaussettes au centre du chaos, donnant des ordres d'une voix forte. Le général se dandinait d'un pied sur l'autre, car la neige fondait sur ses chaussettes, il portait un pantalon d'uniforme mais pas de vareuse. Chacun savait pourtant qu'il était général.

Quelques personnes, dont des femmes, s'échappèrent encore du flanc de la cabane. La panique et les cris étaient à leur comble. Vatanen reconnut plusieurs personnes, une surtout : on guidait la dame suédoise à travers la fumée vers la clairière de neige glacée. Elle était nue, pleurait amèrement, et le flamboiement de l'incendie la découpait en ombre chinoise ; la femme paraissait très belle, s'avançant ainsi dans la neige, soutenue par deux soldats ; puis on lança sur elle une couverture. Toute la cabane était déjà en feu, les soldats pelletaient de la neige à l'intérieur par les fenêtres, quelqu'un jura qu'impossible d'approcher, le casque vous fond sur la tête.

L'hélicoptère stationné dans la clairière menaçait de prendre feu. Le général cria qu'il fallait l'éloigner, où étaient les pilotes. Un homme nu courut à l'hélicoptère, se brûla les mains sur les flancs métalliques de l'appareil, mais réussit à y monter, baissa les vitres et cria :

« Il est trop froid, on ne peut pas démarrer tout de suite ! »

Le torse nu de l'homme pendait à la fenêtre, les flammèches jaillissaient de la ruine de rondins en flammes et frappaient la tôle brûlante comme des pommes de pin dans la tempête. La vitre se ferma au cri du général :

« En l'air et tout de suite ! »

Le fonctionnaire du ministère courait en tous sens, lui aussi à demi vêtu, demandant aux soldats s'il pouvait emprunter des vestes et des chaussures ; l'homme eut bientôt réuni une brassée de vêtements et de bottes qu'il étala sur la neige fondante pour en vêtir les femmes nues enroulées dans les couvertures. L'une hérita de bottes, une autre n'eut que des chaussettes, on jeta sur les épaules des dames vareuses et canadiennes, elles prirent des allures de reine des abeilles ; on tira sur leurs cous blancs des capuchons de camouflage de l'armée.

La 6e compagnie du bataillon de chasseurs se rua à l'assaut de la place, elle s'arrêta fatiguée en bordure de la neige fondue, un officier criait des ordres, mais les hommes s'installèrent en un vague demi-cercle autour de la cabane en feu. Les tenues de ski luisaient d'un rouge incertain à la clarté de l'incendie, les visages noirs des gars, mordus par le gel, semblaient pour des visages humains totalement improbables ; on aurait dit qu'une chaîne de jeunes momies silencieuses s'était refermée autour de la clairière. Quelqu'un demanda qui avait des allumettes, la flamme parcourut de main en main le cercle des soldats appuyés sur leurs bâtons de ski.

Le lourd hélicoptère de l'armée démarra. Un vrombissement déchira l'air, puis on entendit un lourd martèlement et les grandes pales de quinze mètres commencèrent lentement à battre l'air chargé de suie. Le général courut plié en deux vers le poste de pilotage, expliqua par gestes qu'il fallait embarquer du monde. Le fonctionnaire des Affaires étrangères comprit la situation et entreprit de conduire les femmes vers l'hélicoptère ronflant. Vatanen alla décrocher son sac de sa branche et tint au lièvre un discours apaisant. L'animal était hors de lui, après avoir dû rester accroché dans le sac à une branche d'arbre pendant Dieu sait combien de temps au milieu de ce tohu-bohu.

Vatanen jeta le sac sur son dos et retourna sur le lieu de l'incendie. Le lièvre vagissait dans le sac mais n'essayait plus de s'enfuir ; les cordons du sac le retenaient d'ailleurs à l'intérieur, eût-il cherché à se sauver.

Le fonctionnaire du ministère des Affaires étrangères guida les femmes sous les pales de l'hélicoptère, la porte s'ouvrit et on les poussa aux fesses, engoncées dans leurs épais vêtements militaires, pour les faire entrer dans l'appareil. Le pilote et le copilote se tenaient nus comme des vers à la portière, aidaient les femmes ; le général alluma une cigarette. Vatanen décida d'aller aider au chargement.

Il sauta dans l'appareil et y souleva les gens qui voulaient monter, jusqu'à ce que le commandant de bord lui dise :

«Il faut y aller, maintenant, plus un seul. Fermez la porte, lieutenant.»

Lieutenant!

Vatanen voulut sauter sur le sol, mais le radio, nu, lui saisit fermement le bras, verrouilla les portes et tira les écouteurs sur ses oreilles :

«OH 226, OH 226… annonçons décollage à destination de l'hôpital militaire de Sodankylä, j'écoute.»

Les vitres de l'hélicoptère étaient embuées de perles de condensation, mais après avoir éclairci la vitre d'un revers de main, Vatanen put voir les lourdes pales prendre de la vitesse, s'ébrouant en cercle. Ce nouveau vent attisa le foyer. Des flammes de dix mètres de haut s'échappèrent de la cabane et la tempête soufflée par l'hélicoptère embrasa encore l'écroulement des rondins empilés, qui flamboyèrent tels des feux de Bengale dans le matin blême. Puis l'appareil commença à prendre de l'altitude.

Le général, au sol, faisait au poste de pilotage des signaux pareils à ceux qui accueillent les avions de ligne : il écartait et fermait à tour de rôle les bras. Les gens reculèrent et les oreilles des occupants de l'appareil bourdonnèrent du vrombissement du moteur. La silhouette en bretelles du général diminua rapidement, la cabane brasillante s'amenuisa elle aussi, l'appareil s'éleva haut dans le ciel et soudain le soleil jaillit à l'horizon.

Ah! quelle scène!

Vatanen prit son sac à dos, le plaça devant lui et mit le nez du lièvre à la fenêtre, lui montra le paysage grandiose :

«Regarde donc, petit, regarde.»

Le lièvre regarda, soupira, puis se blottit contre la poitrine de son maître, ses pattes remuèrent à l'intérieur du sac, se replièrent, le lièvre s'installa en position fœtale et s'endormit.

Et soudain des lumières crues s'allumèrent à l'intérieur de l'hélicoptère. La porte du poste de commande s'ouvrit, un homme nu entra dans la cabine et dit :

«Nous volons en direction de Sodankylä, douze minutes de vol, je vous demande un peu de calme. Et puis... si quelqu'un pouvait me passer des fringues.»

On lui donna au hasard quelques effets, pendant que la vingtaine de personnes embarquées tout aussi au hasard dans l'appareil s'examinait et se penchait aux fenêtres. Vatanen remarqua qu'en face de lui, le fonctionnaire du ministère des Affaires étrangères était coincé entre deux femmes, l'air las. Quand le fonctionnaire vit qui était assis en face de lui, il dit à mi-voix, d'un ton lourd de déboires :

«Vous aussi, vous êtes là, j'aurais dû m'en douter.»

L'homme n'avait pas de souliers, ses pieds nus étaient glacés. Vatanen enleva ses chaussures, les tendit à l'homme :

«Prenez; prenez voyons.»

L'épouse du représentant de l'armée américaine, qui était assise au côté du fonctionnaire, vit le lièvre, le montra du doigt et s'exclama vibrante :

«Charmante créature, charmante! Toujours avec nous! Je peux la caresser?»

L'hélicoptère volait presque droit sur le soleil, le désert de neige défilait sous lui, on pouvait encore apercevoir du côté de Sompio, en tendant le cou, d'épaisses fumées. Les étendues désertes et tremblotantes restèrent en arrière, on survola les Gorges-Pantelantes et Vatanen vit les traces de la chasse à l'ours. Près de Sodankylä, il lui sembla voir loin en dessous un coureur solitaire qui avait parcouru une longue route, ses traces semblaient celles d'une souris, mais leur auteur était noir, et filait maintenant en direction du sud-est. Vatanen regardait si intensément que ses yeux s'emplirent de larmes, mais il dut bien conclure que c'était l'ours des Gorges-Pantelantes, impossible autrement.

Vatanen ne dit rien, essuya ses yeux larmoyants et caressa le lièvre. Les fumées de Sodankylä étaient en vue.

À Helsinki

L'hélicoptère se posa dans la cour de l'hôpital militaire de Sodankylä. Le spectacle valait le coup d'œil quand le groupe de diplomates affublés de vêtements d'emprunt descendit de l'appareil dans la cour enneigée. Le médecin vint à leur rencontre et serra toutes les mains, Vatanen compris. On fit entrer tout le monde dans le petit hôpital où chacun subit une visite médicale.

Le pilote nu descendit en dernier de l'appareil. Il s'abrita derrière l'hélicoptère et quand il vit que la plupart des personnes de sexe féminin étaient entrées dans l'hôpital, il piqua un sprint vers un proche hangar. Le médecin lui fit porter des vêtements, on fut quitte de l'affaire.

Vatanen s'était installé avec sac et lièvre dans la salle d'attente. On y apporta divers habits civils, des chaussures, des sous-vêtements. Ils sortaient d'une camionnette de livraison des Grands Magasins Mannermaa. Chacun put choisir ce qui lui convenait dans la pile qui s'élevait par terre au milieu de la pièce et aller l'essayer.

Le fonctionnaire du ministère se choisit des souliers à sa taille et rendit à Vatanen les chaussures que ce dernier lui avait prêtées, avec des remerciements.

Ses chaussures aux pieds, Vatanen quitta la salle d'attente, il se fit conduire au centre-ville dans la camionnette des Grands Magasins. Le chauffeur avait écouté les nouvelles à la radio, il posa tant de questions que Vatanen commença à se sentir fatigué.

Vatanen en avait plus qu'assez des événements de ces derniers jours. Il se trouva un hôtel, prit une chambre et téléphona au responsable de la coopérative d'élevage de rennes de Sompio.

« J'espère que la cabane des Gorges n'a pas brûlé, demanda l'homme.

– Non. Écoute, viens me payer la réparation de la cabane, je crois que je vais partir d'ici, ça manquait un peu de calme, du côté de Sompio.

– J'te crois. Je vais te régler. »

Le lièvre n'avait pas l'air bien. Il était couché dans le sac, l'air amorphe, et quand Vatanen le lâcha dans la pièce, l'animal bondit mollement sur le lit et ferma les yeux.

Vatanen téléphona au vétérinaire de Sodankylä et s'enquit de ce que le lièvre pouvait bien avoir. Le médecin vint ausculter la bête, mais ne put rien dire.

« C'est souvent comme ça avec les animaux sauvages ; apprivoisés, ils peuvent mourir sans raison précise. C'est peut-être le cas. Le seul endroit où on pourrait y faire quoi que ce soit, c'est à l'Institut national des études vétérinaires. Là-bas, ils pourraient lui faire des analyses, et encore, s'ils veulent bien, et de toute façon, vous ne pouvez évidemment pas y aller pour un malheureux lièvre. Et puis, bien sûr, on n'y soigne pas les animaux pour le compte des particuliers. »

Mais le lièvre avait l'air si mal en point que Vatanen décida de faire tout son possible pour le soigner. Il vendit à l'éleveur de rennes le matériel, skis et autres, resté à la cabane des Gorges-Pantelantes et prit un taxi pour Rovaniemi, d'où il prit l'avion pour Helsinki. À l'aéroport de Seutula, il monta dans un taxi et se fit conduire à l'Institut national des études vétérinaires.

Vatanen parcourut les couloirs de l'institut, sans que personne ne lui accorde la moindre attention; pour une fois, il était dans un endroit où on ne regardait pas les gens bizarrement parce qu'ils se promenaient avec un lièvre dans les bras.

Vatanen trouva facilement son chemin jusqu'au bureau d'un professeur, pressa le bouton sur le chambranle de la porte et entra le lièvre dans les bras quand la lumière verte s'alluma.

Derrière le bureau, plongé dans ses paperasses, se tenait un homme en blouse blanche, l'air plutôt sale, qui se leva et serra la main de Vatanen; puis il pria l'arrivant de s'asseoir.

Vatanen expliqua qu'il avait besoin d'aide, ou plus exactement que le lièvre avait besoin d'aide car il était malade.

«Voyons ce lièvre, que lui arrive-t-il?» dit le professeur en prenant le lièvre sur ses genoux. «Je pense qu'il s'agit d'un parasite quelconque. Est-ce qu'il a pu être en contact avec des étrangers ou manger des légumes mal lavés?

– C'est bien possible.

– On va lui faire une prise de sang, on verra bien.»

L'homme rédigea une ordonnance sur une feuille jaune, la tendit à Vatanen et dit encore :

«Il vient d'Evo, bien entendu.»

Vatanen acquiesça.

Il porta l'ordonnance au laboratoire, tendit la feuille à un laborantin qui chercha quelques aiguilles à injection et fit deux trois prélèvements au lièvre tremblant. L'homme déclara qu'on aurait les résultats dans deux heures.

Vatanen alla manger entre-temps, le lièvre resta à l'institut en attendant le résultat des analyses. Deux heures plus tard, Vatanen avait entre les mains non seulement le lièvre mais bien plus de papiers que le matin. Une sorte de dossier médical. Les papiers à la main, il retourna dans le bureau du professeur qui déclara qu'il fallait s'en douter, c'était une histoire intestinale. «Deux piqûres et on n'en parle plus, je vous fais une fiche, vous pourrez les emporter à Evo.»

On vaccina le lièvre et on confia à Vatanen quelques ampoules à injecter, jetables.

«Et voilà une journée bien gagnée», fit le professeur en enlevant sa blouse. Il était dix-sept heures.

«Je rentre en ville, je vous emmène en voiture, si vous êtes à pied», proposa aimablement le professeur crasseux. Vatanen monta dans la voiture et le professeur prit la direction du centre.

«Donnez-lui de l'eau fraîche, mais rien à manger pendant deux jours, ensuite nourrissez-le normalement. Il va s'en tirer. Je vais vous conduire directement au train, vous êtes bien venu en train?»

Vatanen ne put s'empêcher de répondre :

«Je suis venu en avion.»

Le professeur demeura stupéfait, puis remarqua en riant :

«Mais on ne peut pas venir en avion de l'Institut d'écoéthologie d'Evo.

– C'est que je suis venu de Rovaniemi et avant cela de Sodankylä.

– Mais vous n'êtes pas d'Evo du tout?» demanda l'homme sidéré. «Mais vous devez bien, pourtant.»

Vatanen entreprit de raconter son histoire. Il dit que le lièvre était bien originaire du Sud, de la région de Heinola. Puis Vatanen raconta comment il avait parcouru la Finlande avec le lièvre, Nilsiä, Ranua, Posio, Rovaniemi, Sodankylä, Sompio, retour à Rovaniemi, et maintenant ici. Le professeur avait arrêté sa voiture au bord du trottoir, en plein milieu de la circulation de l'avenue Mannerheim et il écoutait d'un air incrédule le récit de Vatanen. Il glissait parfois un : « Pas possible ! »

Quand Vatanen eut terminé son histoire, le professeur déclara emphatiquement : « Mon brave homme, je ne peux pas en croire un mot. Mais l'histoire est belle ; pourtant, c'est étrange que vous ayez besoin de raconter des choses pareilles. Retournez maintenant à l'institut, j'y téléphonerai demain matin.

– Très bien, si vous ne me croyez pas, téléphonez. Ces histoires n'ont pas tellement d'importance. »

Au coin du grand magasin Sokos, un renne fatigué se démenait, un père Noël décrépit lui donnait des coups de pied dans les sabots, le renne gardait les yeux fermés, sans doute à cause de la douleur. Autour du renne, il y avait des enfants, ils piaillaient, les mères fatiguées répétaient : « Jari, Jari, ne monte pas sur son dos, allez, viens, Jari, tu entends. »

Vatanen se sentit soudain horriblement mal. Il demanda au professeur de quitter cet endroit, la voiture démarra.

À la gare, le professeur dit :

« Non, il faut vraiment que je vous prenne cet animal. Ce n'est pas possible, quel est le fou qui vous a chargé de nous apporter ce lièvre d'Evo ? Le mieux, c'est que vous y retourniez tout seul, j'enverrai un homme apporter l'animal demain, il peut passer la nuit chez moi. »

Vatanen déclara qu'il n'avait vraiment rien à voir avec l'Institut d'écoéthologie d'Evo.

«Croyez-moi, ce n'est pas drôle», dit le professeur en essayant d'arracher le lièvre à Vatanen. La voiture bloquait la circulation, arrêtée devant la Maison du Boudin.

Vatanen s'agrippait au lièvre. Il songea que la situation était celle de la vieille histoire du cercle de craie : les femmes s'arrachent l'enfant, celle qui tirera le plus brutalement gagnera, mais l'enfant est à celle qui abandonne. Vatanen abandonna mais dit :

«J'ai une solution, téléphonez au vétérinaire de Sodankylä et vous me croirez. Je paierai la communication.»

Le professeur réfléchit un moment :

«Pourquoi pas. J'habite le quartier de Kruununhaka, on va téléphoner de chez moi. Je ne vous crois pas, mais vous verrez bien que ce lièvre n'est pas un sujet de plaisanterie. J'aime les animaux, mon brave, il ne faut pas les laisser entre n'importe quelles mains.

— Et vous faites des expériences sur eux.

— C'est pour la science. Et de toute façon ça ne vous regarde pas. C'est mon travail.»

Ils téléphonèrent. Le vétérinaire de la ville de Sodankylä confirma le récit de Vatanen en ce qui concernait la consultation du matin même dans un hôtel de Sodankylä. Le vétérinaire s'étonna cependant de ce que l'homme fût déjà arrivé jusqu'à Helsinki.

Le professeur reposa lentement l'écouteur et fixa un regard étrange sur Vatanen. Celui-ci demanda combien coûtait la communication. Le professeur, sans l'écouter, déclara :

«J'aimerais entendre encore une fois votre histoire. Je vais préparer des sandwiches, vous n'êtes pas pressé?

— Du tout.»

La gueule de bois

Vatanen s'aperçut qu'il était étendu par terre, enroulé dans un tapis. Un liquide amer gargouillait dans son estomac, remontait dans sa gorge, il avait envie de vomir. Il n'osait pas ouvrir les yeux, on n'entendait aucun bruit, mais en y réfléchissant il en perçut de toutes sortes : bourdonnements, crépitements, sifflements ; et à nouveau une bile jaune lui emplit la bouche.

Vatanen se tenait immobile, il savait que s'il bougeait maintenant, il vomirait. Il ravala sa bile. Il n'osait pas porter la main à son front mais même sans le tâter, il savait que des gouttes de sueur y perlaient.

Vatanen songea qu'il devait sentir horriblement mauvais. Une langue épaisse fit quelques mouvements prudents dans sa bouche, elle rencontra un palais collant, poisseux.

Le cœur ? Il semblait fonctionner, bien que d'une façon plutôt désordonnée. Il battait paresseusement, comme une sentinelle battant le pavé, mais se reprenait par moments, battait quelques coups enthousiastes qui faisaient presque éclater la poitrine et résonnaient jusque dans les orteils, puis s'arrêtait, oisif, pour finalement repartir des secondes plus tard en petits battements secs et reprendre son travail paresseux. Vatanen dut se cramponner au bord du tapis, le plancher tanguait, les perles de sueur lui coulaient dans le cou, il eut soudain très chaud et le tapis sembla peser d'un poids insupportable sur son corps en nage.

Si seulement j'osais ouvrir les yeux, ou même un œil, songea prudemment Vatanen, mais sans en ouvrir aucun ; l'idée déjà était suffisamment téméraire. Il fallait essayer de dormir encore, quand il aurait pu dormir jusqu'à sa mort. Ou était-ce déjà la mort ? Cette pensée le fit rire, mais l'hilarité disparut avec la bile qui remonta dans sa bouche et qu'il fallut héroïquement ravaler.

Vatanen essaya de reprendre contact avec la réalité. Son esprit semblait ne pouvoir s'emparer d'aucun fait précis, des possibilités défilaient, nombreuses, mais son cerveau ne parvenait pas à mordre assez profondément dans ces images pour en tirer un résultat qualifiable de pensée.

Par moments, cette recherche d'une pensée semblait à Vatanen éminemment divertissante : ce qui lui paraissait si drôle lui échappait, mais il y avait là une histoire du plus haut comique. Mais en réfléchissant à cet étrange sentiment de gaieté, un sombre désespoir prenait aussitôt sa place, et ce sentiment semblait n'être que trop bien fondé.

Tout glissait, s'effilochait dans son esprit. Vatanen imagina un instant que sa tête ballottante s'était détachée. Cela le fit à nouveau rire, un moment, puis l'oubli ; Vatanen décida alors de penser à quelque chose de concret.

En quelle saison était-on, par exemple ? C'était une bonne question, un sujet suffisamment distant et pourtant d'une utilité pratique, donc : quelle saison ? cela lui reviendrait-il en réfléchissant très fort ?

Sans s'en apercevoir, Vatanen avait ouvert les yeux. Il

était si concentré sur cette question de saison qu'il accomplit cet acte qu'il redoutait tout à l'heure, sans conséquences désastreuses. Ses yeux chassieux se fixèrent sur le mur, près du plafond ; une grande fenêtre, avec six carreaux, quatre petits en bas, deux plus grands, arrondis au sommet, dans la partie haute ; il faisait clair, il dut fermer les yeux. Ses paupières étaient comme les panneaux d'une cloche de plongée, songea Vatanen ; et il décida de revenir au problème de la saison en cours.

Le printemps ? C'était intéressant et semblait familier. Mais pourquoi pas aussi bien l'automne ou le mois de janvier… non, pas janvier, ça n'éveillait aucun écho. Ni l'été. L'été le fit penser à un levraut, le levraut à un lièvre, son lièvre, et le lièvre à l'automne. L'automne éveilla l'idée de Noël et il lui sembla qu'on était maintenant au printemps, en mars sans doute.

À y réfléchir de plus près, mars non plus ne collait pas, la fin de l'hiver, plutôt.

Et la nausée le reprit, Vatanen serra les dents sur le liquide écœurant, s'arracha au tapis, vit sur le sol deux autres dormeurs, s'aperçut que la porte des cabinets était sous ses yeux et s'y rua.

Vatanen vomit le contenu de son estomac dans les cabinets, en hoquets déchirants, la bave aux lèvres et les yeux hors de la tête ; ses entrailles lui semblèrent se racornir comme un placenta de vache et vouloir jaillir de sa bouche béante, mais il n'en fut rien ; son cœur cognait à lui tourner la tête.

Et soudain le malaise disparut, la délicieuse certitude de la force indestructible de son organisme lui revint comme une douche de fraîcheur. Vatanen leva son regard rouge sombre vers la glace des cabinets et contempla son image.

Elle semblait arrachée à une revue pornographique en couleurs.

Vatanen lava la sueur de son visage, se mit torse nu et se lava les aisselles avec une serviette froide ; il trouva un peigne dans sa poche, le passa dans ses cheveux, une touffe épaisse se prit dans le peigne, Vatanen l'arracha de ses doigts gourds en emportant une poignée de dents de peigne, jeta le tout dans les cabinets, se gargarisa plusieurs fois et fit disparaître toutes les traces dans le réseau de canalisations. Ouvrant la porte des cabinets et rentrant dans la pièce, il se rappela avec une étonnante netteté qui il était, se rappela que c'était Noël, mais les événements les plus récents demeuraient quelque peu vagues.

La pièce était petite, bien rangée. C'était apparemment un cabinet de dentiste, les chaises chromées et les fraises étincelaient dans le soleil qui entrait à flots. Vatanen s'assit sur la banquette contre le mur, le menton dans les mains, et regarda les deux autres personnes qui comme lui avaient pris leurs quartiers dans cet endroit inhabituel.

L'une de ces personnes était une jeune femme, l'autre un homme entre deux âges. Ils étaient réveillés et avaient empilé contre le mur les coussins du divan qui leur avaient servi de lits. Vatanen les salua, tous deux lui paraissaient vaguement familiers et en même temps totalement inconnus. Vatanen n'osait pas demander où on était ni qui étaient ces deux-là. Il se dit que ces choses s'éclairciraient avec le temps.

La fille, qui était d'ailleurs plus exactement une femme faite, éclaircit la situation en déclarant qu'il fallait maintenant payer le taxi, quatre cent quatre-vingts marks, que le chauffeur puisse enfin partir, Vatanen tâta sa poche-revolver, pas de portefeuille. La fille le sortit du fond de son sac et le tendit à Vatanen. Il y avait un sacré paquet d'argent dans le portefeuille, presque deux mille marks. Vatanen en compta cinq cents et les donna à la fille. La fille tendit l'argent à l'homme qui remercia et lui rendit vingt marks. L'homme devait donc être le chauffeur de taxi, conclut Vatanen.

«Bon, ben, au revoir, dit l'homme en partant. C'était une sacrée équipée, salut.

– Prends ça», dit la fille en sortant de son sac des tablettes de vitamines rouges qu'elle tendit à Vatanen. «Ça fait du bien, avale-les comme ça.»

Vatanen réussit à demander où était le lièvre.

«Il va bien, il est chez un prof, à Helsinki. On l'y a laissé avant Noël et il peut y rester jusqu'au nouvel an, c'était convenu.

– Avant Noël? Noël est passé?

– Oui, oui, tu ne te rappelles pas?

– J'ai des trous de mémoire. Je crois que j'ai un peu bu.

– Pas si peu que ça, constata calmement la fille.

– C'est bien ce qu'il me semble. Qui es-tu?

– Leila, tu pourrais au moins te rappeler ça.»

Le nom de Leila revint en mémoire à Vatanen… bien sûr, cette femme était Leila. Mais quelle Leila? Vatanen n'osa pas le demander, il dit :

«Mais si, je me rappelle, ne te fâche pas. Mais j'ai une telle gueule de bois que je perds la mémoire. J'ai dû picoler pendant plusieurs jours, ce n'est pas dans mes habitudes.

– Tu as fait un empoisonnement éthylique, il faut mettre le holà à ça.»

Vatanen avait horriblement honte. Il évitait le regard de la femme, qui semblait trop franc et ouvert, et laissait errer son regard, puis une nouvelle pensée le traversa :

«Et si on allait dans un bistrot boire par exemple une bière bien fraîche ?»

La fille acquiesça et ils partirent.

L'escalier était en colimaçon et il y en avait trois étages, six paliers. Vatanen s'appuyait à la rampe tournante, les marches dansaient sous ses yeux, la fille le soutenait de l'autre côté.

Dehors, un soleil éclatant brillait dans le ciel glacé. Il y avait dans les rues de la neige fraîchement tombée, scintillante, qui blessait les yeux, mais l'air pur était revigorant. Vatanen protégea ses yeux derrière sa paume et dit :

«Les protées sortent de leurs grottes.

– Qu'est-ce que tu as dit ?» demanda la fille et Vatanen répondit : «Rien. Emmène-moi quelque part.»

La femme guida Vatanen à travers la ville. L'homme regardait les maisons, les voitures, essayait de reconnaître l'endroit. Était-ce Vallila ? Katajanokka ? Ce n'était en tout cas pas Kruununhaka. On arrivait à une rivière… Porvoo ? Non, pas Porvoo, Vatanen connaissait trop bien la ville.

Vatanen examinait timidement les gens, il s'aperçut qu'il les regardait dans l'espoir de voir quelqu'un s'adresser à lui, lui dire où ils étaient, restituer Vatanen sur la carte.

Ils passèrent un pont et de l'autre côté trouvèrent leur but, un petit restaurant. L'endroit était coquet et Vatanen eut du mal à croire qu'il était ouvert à cette heure matinale. Il exposa ses doutes à la femme qui décréta que c'était déjà l'après-midi, tu n'as vraiment pas la tête sur les épaules.

Vatanen parcourut d'un regard vide le menu, sans oser songer à manger. La fille commanda une bière toute givrée et pour elle un jus de fruits. Vatanen but la bière glacée à gorgées prudentes, l'odeur faillit le faire vomir, mais c'était malgré tout remontant ; la première goutte provoqua un bouleversement dans son estomac. Il fallait attendre de voir ce qui se passerait.

La fille regardait Vatanen lutter en silence.

Puis l'emprise de la gueule de bois faiblit, c'était grâce à la bière, Vatanen put manger, il devint un homme neuf, un nouveau Vatanen.

Il commença à se rappeler certaines choses, il se souvint avoir laissé le lièvre chez le professeur, à Kruununhaka, et être parti boire un coup, après six mois d'abstinence. Et il avait effectivement bien bu, joyeusement et en quantité. C'est à ces débuts d'ivrognerie que ses souvenirs s'arrêtaient et les événements ne s'éclaircirent que quand la fille lui raconta les grandes lignes de l'histoire.

Le récit de la fille était long et sinueux, comme le périple de Vatanen – il avait duré huit jours et serpenté dans diverses bourgades du sud de la Finlande. Vatanen avait fait beaucoup, beaucoup de choses.

Vatanen glissa une question sur la ville où on était.

« À Turku, dit la fille.

– Tiens, je ne l'avais pas reconnue, fit Vatanen. Pas étonnant que le pont m'ait paru familier, je suis venu des dizaines de fois, mais j'étais ébloui par le soleil. »

Morceau par morceau, l'aventure commença à prendre forme au fil du récit de la fille. Le fait est que Vatanen s'était copieusement soûlé à Helsinki, pendant deux jours, s'était trouvé mêlé à une bagarre, avait été conduit au poste de police d'où il avait immédiatement été relâché, avait ensuite rencontré cette fille et était parti à Kerava où il s'était passé pas mal de choses, y compris le fait que Vatanen s'était fait renverser par un train, qui l'avait poussé devant lui sur les rails, au pas, pendant vingt mètres ; il s'en était tiré avec des bleus.

À Kerava, Vatanen avait acheté une bicyclette et était parti en pédalant furieusement – sur une querelle d'ivrogne – vers Riihimäki, la fille l'avait suivi en taxi. Vatanen n'avait pas pu atteindre Riihimäki à bicyclette, car la police de la route, dans une voiture de patrouille, s'était mêlée de la chose. On avait mis la bicyclette dans le coffre arrière du taxi et on était allé comme ça à Riihimäki ; là on avait vendu la bicyclette pour une bouchée de pain et acheté avec l'argent des billets de loterie. Vatanen avait gagné une chaîne stéréo et une sacoche de cuir, ainsi qu'un plumier, des boutons de manchettes, un lot de stylos et trois agendas en cuir. Il avait échangé à Riihimäki ces lots contre de l'argent et s'était mis dans la tête de prendre l'autocar pour Turenki ; c'est ce qu'il avait fait.

À Turenki, ils avaient passé la nuit dans une ferme. Vatanen s'était exhibé trois jours durant dans le village, jusqu'à la veille du réveillon, et pendant tout ce temps la beuverie avait continué dans une allégresse désinvolte, pourtant épuisante, d'un point de vue aussi bien intellectuel que physique, selon la fille.

Et de Turenki ils étaient allés fêter Noël à Janakkala, chez les parents de la fille. Vatanen avait acheté de beaux cadeaux pour tous les membres de la famille, un baromètre pour sa mère, une série de pipes pour son père, un bracelet pour sa sœur et un xylophone pour la plus petite. Au réveillon, Vatanen avait été charmant, la famille avait écouté ses propos avec intérêt, son bonhomme de père avait sorti du tiroir de la commode son meilleur cognac et on l'avait bu. Vatanen avait tenu dans la nuit de grands discours et embrassé la mère de Leila entre les seins, mais personne ne s'en était offusqué.

La nuit de Noël, on avait brusquement quitté Janakkala, prétendument pour aller à l'hôpital, mais on n'y était pas allé, on avait en revanche pris un taxi pour Tammisaari où Vatanen avait voulu pour cette nuit de Noël se baigner dans la mer, mais sans y arriver. On avait passé la nuit de Noël dans un taxi, ce qui avait coûté cher.

On avait aussi été à Hanko et Salo, où il ne s'était rien passé d'extraordinaire. Et on était maintenant à Turku, Vatanen était arrivé en ville en pleine nuit et avait appelé tous les dentistes de l'annuaire pour avoir un rendez-vous, l'un d'eux avait accepté. Le chauffeur de taxi de Hanko avait dû passer la nuit à Turku. La fille avait été de toutes les aventures et Vatanen s'en étonna un peu :

« Comment est-ce que tu as pu supporter ça?

– Mais je suis en vacances pour les fêtes, chéri. » Chéri? Vatanen considéra la fille d'un œil neuf, un intérêt d'un genre nouveau le saisit. Avaient-ils une relation quelconque? Laquelle?

La fille était effectivement séduisante, rien à redire. Ou plutôt, c'est ça qui était louche : comment une aussi jolie femme avait-elle pu supporter aussi longtemps ces bêtises, ces imbécillités? Vatanen en ivrogne nauséabond s'était-il rendu coupable d'avoir séduit cette femme? Il ne pouvait y croire, car d'après ce récit succinct, il s'était tout le temps conduit de façon ignoble.

D'ailleurs la fille était apparemment fiancée, remarqua Vatanen. Une bague scintillait à son doigt, plutôt bon marché, Vatanen n'en aurait jamais offert de pareille à aucune femme, encore moins à celle-ci. Vatanen avait ébauché l'idée qu'il aurait pu se passer quelque chose de beau entre lui et sa compagne de route, mais cette bague stupide chassa cet espoir de son esprit.

Vatanen se sentit soudain très seul, même le lièvre était à Helsinki. Il lui manqua tout à coup terriblement.

«Il faudrait aller chercher ce lièvre», dit tristement Vatanen en regardant la bague de la fille. «Tu es fiancée, excuse-moi, mais quelle mocheté cette bague.»

Vatanen soupira bruyamment.

«Devine avec qui, demanda la fille en toisant Vatanen d'un air grave.

– Oh! un jeune cadre dynamique quelconque, ne te vexe pas, mais ça ne m'intéresse pas.

– Non… devine encore.

– Devine donc avec qui je le suis, moi, rétorqua Vatanen.

– Je le sais, dit la fille. Allez, devine.

– C'est trop fatigant, fit Vatanen. Ramassons nos affaires et partons d'ici, tu ne voudrais pas téléphoner à la gare pour demander les horaires des trains? S'il te plaît, fais-le, je suis fatigué.

– Je vais te le dire, alors, dit la fille. Tu es fiancé avec moi.»

Vatanen entendit la femme. Il entendit la chose mot pour mot, mais ne saisit pas. Il regarda la femme droit dans les yeux, regarda la nappe, regarda par la fenêtre, regarda le plancher du restaurant, puis regarda la serveuse qui se trouvait près de leur table. Il réussit à dire à la serveuse d'apporter encore deux verres de n'importe quoi.

La serveuse leur apporta la même chose, ils burent en silence.

«Est-ce que c'est vrai?» demanda Vatanen au bout d'un long moment.

La fille affirma qu'il en était bien ainsi. Vatanen lui avait demandé sa main dès Kerava et à Turenki la fille avait accepté. On avait acheté la bague à Hanko. Les magasins avaient été fermés et c'est pourquoi on n'avait pas trouvé mieux, c'était la fille du chauffeur de taxi de Hanko qui la leur avait vendue du haut de ses onze ans. Du nickel, du nickel doré, avait dit la fillette.

«Ah!

– Oui.

– Alors on va se marier? demanda Vatanen.

– C'est ce que tu répètes depuis plusieurs jours. C'est ce qu'on a convenu.»

C'était encore une situation nouvelle pour Vatanen. Le lièvre avait disparu mais il y avait une femme à la place, Leila… une assez jeune femme, jolie. Une vague de bonheur et de puissance balaya Vatanen – une femme, une femme s'était jointe à lui. Jeune, saine, vivante! Il l'examina plus attentivement.

L'impression était soignée, bien. De belles mains, avec de longs doigts. Vatanen les prit dans les siennes, les serra, pour voir. Bien, très bien. Le visage était agréable – le nez parfait, les yeux gris-bleu, assez grands, pas de maquillage, mais les cils étaient longs… bien. La bouche était grande, bien bien. Les dents saines.

«Tu pourrais me chercher les journaux du jour?», demanda Vatanen. Il n'avait aucun besoin de journaux mais c'était un moyen d'amener la femme à bouger, à se lever de table, à marcher, pour pouvoir se faire une idée d'ensemble de sa silhouette. La fille se leva de sa chaise, la façon de se lever satisfit Vatanen, ses cheveux dansèrent au-dessus de la table quand elle se tourna avec grâce.

Jusque-là tout avait l'air parfait.

La femme traversa le restaurant jusqu'au présentoir à journaux. On voyait tout de suite que sa silhouette aussi était jolie, sans doute ce qu'elle avait de mieux. Une joie immense ravit le cœur las de Vatanen et quand la fille revint vers la table, il porta son attention sur ses hanches, elles se balançaient telle une frégate de rêves. Bien ! Splendide !

Vatanen ne lut pas les journaux, il les repoussa au contraire brusquement, prit les mains de la femme et dit :

« Je suis déjà marié.

— Eh bien, tu t'es fiancé en étant marié », dit la fille. Cela lui semblait parfaitement égal.

« Tu le savais ?

— Je sais tout sur toi. En huit jours, j'ai eu le temps de t'écouter. Tu ne t'imagines pas comme je te connais et je compte bien que nous nous marierons un jour et que tu viendras habiter avec moi.

— Et si ma femme ne m'accorde pas le divorce, s'inquiéta Vatanen qui connaissait sa femme.

— Elle te l'accordera. Je suis avocat, dit la fille. Mais pour commencer, il faut que tu me signes une procuration parce qu'à Helsinki, tu as malmené le secrétaire des Jeunesses nationales, et assez sévèrement. Je vais m'occuper de cette affaire, je ne pense pas qu'on te condamnera pour une première fois. »

L'humiliation

Vatanen se jeta dans la neige boueuse. Un coup de fusil claqua tout près, puis un autre. Les chevrotines crissèrent dans les branches de sapin, Vatanen n'osait pas faire un geste. Il entendit la conversation sourde, furieuse, des hommes ivres.

«Merde, il s'est sauvé.

– À moins qu'on l'ait eu.»

La conversation des hommes s'éloigna mais Vatanen n'osa pas tout de suite se lever et s'enfuir.

L'affaire s'annonçait mal. Le lièvre courait les bois de Karjalohja poursuivi par deux molosses et Vatanen gisait à l'abri d'un talus, craignant pour sa vie.

Comment s'étaient-ils fourrés dans ce pétrin?

Vatanen était revenu de Turku à Helsinki avec Leila, pour le nouvel an. La femme était retournée à son travail après les fêtes. Vatanen lui avait signé un blanc-seing et avait habité chez elle quelques semaines, jusqu'à ce qu'il prenne à Karjalohja un travail de réfection d'une villa. Il s'était installé dans la maison avec le lièvre. Il y avait une pièce à tapisser et un sauna à réparer de l'intérieur. Un travail parfait pour l'hiver.

On était déjà en février. La veille, une bande bruyante, désagréable, était venue faire la fête à la villa voisine. Les voisins avaient chauffé le sauna puis fait du raffut toute la nuit. Hommes et femmes avaient couru nus sur le lac gelé, les plus soûls s'étaient étalés, dérapant sur la glace. Des bruits de voitures avaient retenti toute la nuit devant la maison voisine et les lumières du jardin étaient restées allumées. On avait sans doute été chercher plus d'alcool et d'invités. Sur la terrasse on discutait du danger du communisme en Finlande et dans le reste du monde libre. On s'était aussi battu.

Vatanen n'avait pas dormi de la nuit, le lièvre aussi avait été nerveux. Les phares des voitures se reflétaient les uns après les autres sur les murs et le plafond de la cabane de Vatanen, c'était pénible. Ce n'est que vers cinq heures que la bringue prit fin chez les voisins et que les bruits cessèrent de le déranger.

Vers midi, la maison d'à côté commença à s'éveiller. La bande embrumée décréta qu'il fallait réchauffer le sauna, impossible autrement de démarrer la journée. Mais les bûches avaient toutes dû être brûlées dans la soirée ou la nuit, et il n'y avait plus non plus de gnôle, car on envoya deux hommes à la villa de Vatanen emprunter du bois de chauffage.

« On est venu chercher du bois pour le sauna.

– Et on prendrait bien de la gnôle s'il y en a. » Vatanen n'avait ni bûches ni gnôle, et d'ailleurs, il n'avait aucune envie d'être agréable aux auteurs du tapage nocturne. Il montra le poêle à mazout et déclara qu'il n'y avait pas de bois, le sauna était en réparation.

« Mais, mon brave homme, il faut absolument qu'on

trouve du bois, on a décidé de prendre un sauna. Voilà cent marks, trouve-nous des bûches, mec. »

Vatanen secoua la tête.

« Dur à cuire, hein », dit l'autre ; il jeta un deuxième billet de cent sur la table et cria : « Alors ça vient ce bois ! Débite la balustrade de la véranda, t'as bien une scie, au lieu de te gratter le crâne devant du bon argent. »

Vatanen refusa de démolir la maison pour eux, mais ils ne voulurent pas l'entendre. Ils abattirent encore un billet de cent sur la table et déclarèrent que maintenant il fallait vraiment trouver du bois. Vatanen roula les billets ensemble, les fourra dans la poche de poitrine de l'homme le plus proche et ordonna aux hommes de sortir.

« Bon Dieu ! Quel dingue, ce mec ! »

Vatanen poussa les hommes sur la terrasse, ferma la porte. Les hommes tambourinèrent un moment à la porte mais comme Vatanen n'ouvrait pas, l'un d'eux disloqua d'un coup de pied la balustrade de la terrasse. L'autre aussi s'acharna pour l'arracher, elle se démit et tomba devant la maison. Les hommes se saisirent de la rambarde et la traînèrent victorieusement vers la limite du terrain. Vatanen courut dehors empêcher le saccage mais les hommes avaient déjà atteint leur territoire.

« Voilà ce que font les gars de la coopérative », cria l'un des hommes hilares à Vatanen.

« Ou plus simplement, voilà ce que font le commerce et l'industrie, ce que l'argent n'obtient pas, on le prend par la force. »

Vatanen se tenait à la limite de la parcelle. L'humeur noire, il regarda comment devant la maison voisine on débitait en bois de chauffage la rambarde de la terrasse. Une douzaine d'ivrognes mal réveillés sortirent de la maison rire de la situation, Vatanen fut couvert de quolibets. Quelqu'un partit en voiture, on lui cria d'apporter assez d'alcool pour soutenir un siège.

Vatanen franchit écumant la limite de la parcelle voisine, traversa raide de rage le terrain et demanda à qui était la villa.

Les coupeurs de bûches s'interrompirent. Un gros homme au visage couperosé, qui débitait justement la rambarde à la hache, se redressa.

«Écoute, cette villa appartient à des gros pontes et tu ferais mieux de filer pendant qu'il est encore temps. C'est moi le responsable, ici, et comprends-moi bien, si tu ne disparais pas sur-le-champ, je donne l'ordre à mes gars de te faire déguerpir.

— Je ne partirai pas d'ici avant que cette histoire soit réglée», dit posément Vatanen.

L'homme se lança au pas de course, disparut dans la maison, revint un fusil de chasse à la main, chargea sur les marches les deux canons et pointa l'arme sur la poitrine de Vatanen. Une vieille odeur écœurante de vinasse planait sur le jardin.

Soudain, l'un des hommes qui se tenaient autour de lui donna un violent coup de savate dans les fesses de Vatanen qui s'étala sur le ventre. Une explosion de rire secoua les alentours, quelqu'un bourra les côtes de Vatanen de coups de pied.

Vatanen se releva, les femmes lui jetèrent aux yeux de la neige à moitié fondue mêlée de sable, il reçut un coup de poing dans le dos. Il ne lui restait plus qu'à battre en retraite sur son propre terrain. Des rires tonitruants poursuivirent Vatanen quand il se retira dans sa cabane. Une voix suggéra qu'on était peut-être allé trop loin mais les autres n'étaient pas de cet avis :

«Et merde, un type comme ça n'osera pas appeler la police, on va lui faire la peur de sa vie et on n'en entendra jamais parler, voilà ce qu'on va faire. Mais d'abord, chauffer le sauna, au travail, les mecs!»

On devine l'état d'excitation de Vatanen après cette scène. Il prit le lièvre dans ses bras et s'éloigna sur la glace, dans l'intention de traverser le bras d'eau gelée pour mettre de l'ordre dans ses pensées, se calmer. La rive opposée était distante d'un kilomètre.

Vatanen était à mi-chemin quand les chahuteurs lâchèrent deux gros chiens. On avait remarqué le lièvre dans les bras de Vatanen.

«Kss, kss, cherche, cherche.» On excitait les chiens. Les molosses hurlant se ruèrent sur la glace à la poursuite du lièvre et de Vatanen. Le lièvre prit ses jambes à son cou et quand les chiens le virent fuir, ils se mirent à aboyer furieusement, leurs grosses pattes dérapèrent sur la glace quand ils dépassèrent Vatanen et disparurent aux trousses du lièvre dans les bois derrière le lac.

Vatanen courut derrière eux vers la langue de terre, se demandant comment sauver le lièvre. Son fusil lui aurait été bien utile, mais il était resté pendu au clou de la cabane des Gorges-Pantelantes.

Des hommes armés sortirent en courant de la villa. Ils approchaient en poussant des hurlements, pareils aux chiens qu'ils avaient lâchés, la glace pliait sous leur poids. Vatanen se cacha dans la forêt et quand les hommes atteignirent la langue de terre, ils tirèrent dans la direction de Vatanen. Et maintenant, Vatanen était couché dans la neige boueuse et écoutait la conversation étouffée, impitoyable, des hommes.

Le lièvre était déjà loin, on entendait à peine la voix des

chiens. Ils hurlaient franchement, la traque continuait donc et le lièvre était encore en vie.

Il faut arrêter cette horrible chasse, se dit Vatanen, sans pourtant voir aucun moyen. Comment est-il seulement possible qu'il existe des gens comme ça? Quel plaisir peut-on tirer d'une telle violence, pourquoi l'homme s'abaisse-t-il aussi cruellement?

Le lièvre décrivait un cercle, le malheureux, dans sa terreur. La chasse approchait. Et soudain le lièvre surgit entre les arbres et quand il vit Vatanen, il se précipita sans hésiter droit dans ses bras. Deux gouttes de sang rouge vif tombèrent de sa bouche. Les aboiements se rapprochaient.

Vatanen savait que les chiens risquaient de le déchiqueter à mort s'il restait planté au milieu de la forêt, le lièvre convoité entre les mains. Devait-il abandonner là cette créature adorée, la chasser pour sauver sa propre vie?

Non. L'idée à peine formulée le submergea de honte. Vatanen courut vers la butte voisine où poussaient des pins au tronc épais et contourné. Il se hissa rapidement dans un arbre avec le lièvre, et grimper aux arbres avec un lièvre sous le bras n'était pas facile. Des poils de lièvre restèrent accrochés à l'écorce, mais l'ascension réussit.

Les chiens arrivèrent au même moment dans un tourbillon. Ils humèrent bruyamment les traces du lièvre, trouvèrent le chemin de l'arbre. Ils se dressèrent avidement sur deux pattes contre le tronc et se mirent à hurler en chœur. L'écorce du pin volait sous leurs griffes. Le lièvre cachait sa tête sous l'aisselle de Vatanen, il tremblait de tout son corps.

On entendit à nouveau des voix éméchées. Cinq hommes apparurent bientôt au pied de l'arbre.

«Tout doux, les chiens, tout doux, alors comme ça, notre homme est dans l'arbre.»

Les hommes ricanèrent, l'un d'eux donna un coup de pied dans le tronc, un autre essaya de secouer le pin pour faire tomber Vatanen.

«On dirait que son courage l'a lâché ! Laisse donc tomber le lièvre, qu'on n'ait pas à le tirer dans tes bras.

– Tire dans l'arbre, tire dans l'arbre ! Elle est bien bonne, personne ne voudra jamais croire que Karlsson a tué un lièvre dans un arbre !

– Et qu'il a eu un type en même temps !»

Les rires n'en finissaient plus. On secouait l'arbre, les chiens tournaient dans les jambes des hommes. Vatanen était si furieux qu'il en avait les larmes aux yeux. Quelqu'un s'en aperçut :

«Allez, merde, on le laisse là, il pleure déjà. On a assez ri pour ce dimanche-ci.

– Laissons juste les chiens encore une heure, pour apprendre à ce type à ouvrir plus poliment sa gueule la prochaine fois. Allons au sauna, il doit être chaud.»

Les hommes s'éloignèrent. Les chiens restèrent monter la garde au pied de l'arbre, ils aboyaient en gémissant. Vatanen avait envie de vomir.

Peu avant le crépuscule, quelqu'un siffla les chiens, ils s'en allèrent à regret. Vatanen avait la tête qui tournait, le lièvre tremblait toujours.

Le soir même, Vatanen regagna Helsinki. Il pensa d'abord porter plainte, mais finalement n'en fit rien. Il dit à Leila :

«Je pars dans le Nord à la cabane des Gorges-Pantelantes. Le Sud ne me vaut rien.»

Et il partit.

Une visite

Le printemps arriva, le temps s'écoulait agréablement dans le pur climat du Nord. Vatanen s'était fait confier par le responsable de la coopérative d'élevage de rennes la construction d'un enclos. Il taillait des arbres pour en faire des perches pour les barrières. Le travail était suffisamment dur et assez peu contraignant. Le lièvre profitait de la vie, on voyait ses traces dans toute la nature environnante.

Leila écrivait des lettres, il en arrivait parfois deux en même temps, car Vatanen ne recevait son courrier à la cabane des Gorges-Pantelantes que toutes les deux semaines. Les lettres de Leila étaient d'une chaleur ardente et il prenait plaisir à les lire. Vatanen répondait plus rarement, se contentant pour ainsi dire d'entretenir le feu. Leila souhaitait que Vatanen quitte la Laponie et revienne enfin vers la civilisation, mais Vatanen n'arrivait pas à se décider. Le Sud ne l'inspirait qu'à moitié, les mœurs des régions habitées le dégoûtaient.

Dans la dernière semaine du mois de mars, la vie à la cabane des Gorges-Pantelantes changea brusquement du tout au tout.

L'ours de l'automne dernier avait quitté sa tanière – ou

peut-être même n'était-il pas retourné hiberner après ses aventures des semaines avant Noël – et il rôdait de nouveau aux alentours des Gorges-Pantelantes. Vatanen remarqua qu'il avait tué quelques rennes, car dans la neige profonde il semblait avoir eu des difficultés à trouver suffisamment d'autres nourritures. Il venait la nuit renifler les murs de la cabane, urinait dans les coins et soufflait avec irritation dans la nuit de mars.

Ces visites de l'ours donnaient des sueurs froides à Vatanen qui dormait sur une banquette contre le mur de rondins – les grognements de l'autre côté de la paroi l'empêchaient de dormir. Vatanen avait l'impression d'être un alevin dans une nasse dont un brochet, avec sa grande gueule, fait le siège.

Vatanen savait qu'en toute logique l'ours n'attaque pas l'homme, mais les événements échappent parfois à la logique.

C'est ainsi qu'une nuit l'ours fit tomber sur le sol le cadre de la fenêtre de la cabane, engagea la tête et les pattes de devant à l'intérieur, renifla l'air tiède du dedans. La pleine lune brillait dehors, la silhouette de l'ours remplissait presque toute la fenêtre. Le lièvre sauta en couinant sur la banquette, derrière le dos de Vatanen. Vatanen était étendu dans le lit, complètement figé. Quelle angoisse !

L'ours reniflait les aliments sur la table. Il y avait là les restes du dîner, de la viande de renne séchée, du pain, du beurre, un flacon de sauce tomate et d'autres broutilles. Vatanen vit l'ours sous le clair de lune enfourner adroitement des nourritures dans sa bouche. Il froissait des papiers, les ouvrait, on l'entendait mastiquer. Il s'y prenait avec une telle adresse ! L'ours eut bientôt tout mangé et il se retira dehors un instant.

Quand il revint, il se fit plus audacieux. Il remarqua à nouveau sur la table le flacon de sauce tomate, le prit entre ses pattes et l'examina curieusement. L'odeur semblait l'intéresser – il pressait le pot sans avoir l'air de comprendre comment s'y prendre avec le contenu.

L'ours appuya sur le flacon. Vatanen entendit un son de trompette et un grognement surpris, la sauce tomate aspergea le mur au-dessus de sa tête.

L'ours léchait apparemment le pot. Il faisait par moments bruyamment gicler la sauce tout autour de la cabane et devait certainement s'en mettre partout. Il léchait sa fourrure. Le bruit rappela à Vatanen le nom de la cabane, les Gorges-Pantelantes. L'ours précisément pantelait.

L'ours léchait maintenant le dessus de la table, la toile cirée se plissait sous sa langue épaisse. Les traînées de sauce tomate attiraient l'ours toujours plus avant dans la cabane, l'ouverture de la fenêtre se hérissa de poils comme un goulot de bouteille autour d'un écouvillon. L'avant-train de l'ours était déjà sur la table quand cette dernière s'écroula, projetant l'ours sur le plancher. Les morceaux épars de la table cascadèrent sur le sol, l'ours eut l'air un peu effrayé mais il se remit rapidement. Il entreprit d'explorer l'intérieur de la cabane. Vatanen n'osait plus faire un geste.

L'ours se mit à lécher le sol, la sauce tomate avait dû gicler là aussi. Le clair de lune baignait le grand animal souple, la vision était proprement terrifiante. La tête gigantesque de l'ours avançait sur le sol au rythme de ses coups de langue vers le pied du lit de Vatanen, c'était comme une horrible machine à nettoyer.

C'est à ce moment que les nerfs du lièvre craquèrent. Il sauta de derrière Vatanen sur le plancher, zigzagua dans la pièce. L'ours essaya de l'attraper, mais la manœuvre resta désordonnée et le lièvre réussit à se dissimuler dans un coin.

L'ours se calma et se mit à lécher le mur au pied du lit de Vatanen.

C'est alors seulement qu'il remarqua l'homme. Stupéfait, il l'examina avec prudence et curiosité. La respiration tiède et humide de l'ours réchauffait le visage de Vatanen, l'ours renifla en sentant le souffle de l'homme, le prit entre ses pattes et secoua un peu. Vatanen se laissa mollement aller, cherchant à paraître inanimé.

L'ours étudiait l'homme serré contre lui, on aurait dit un gnome qui aurait trouvé une poupée et n'aurait pas très bien su qu'en faire. À titre d'expérience, l'ours mordit dans le ventre de Vatanen et obtint un cri de douleur perçant. L'ours affolé projeta l'homme contre le mur de la cabane et se rua dehors par la fenêtre.

Vatanen se tenait le ventre, des taches rouges et blanches dansaient devant ses yeux, son ventre était mouillé. L'ours l'avait-il éventré ? se demanda-t-il paniqué. Il mit la main sur son fusil et sortit plié en deux, tira dans l'obscurité. L'ours s'était enfui, la lune brillait.

Vatanen retourna dans la cabane, alluma la lanterne et examina son ventre. Il était humide de sang et de bave d'ours mais la blessure n'avait pas l'air trop grave. L'ours l'avait mordu un peu pour voir, pincé en fait. Le ventre n'était pas crevé.

Le lièvre boitait. L'ours avait dû lui marcher dessus sans le faire exprès car s'il avait trouvé le lièvre il l'aurait certainement écrabouillé contre le mur.

Vatanen repoussa du pied les débris de table contre le mur, cloua une couverture sur le volet et noua un drap autour de son ventre. La blessure l'élançait, l'ours l'avait quand même bien lacéré.

Vatanen prit le lièvre dans ses bras. Il caressa son pur pelage blanc et promit :

« Demain matin à l'aube je pars à sa poursuite, il faut l'abattre. »

Les doux poils blancs du museau du lièvre frémissaient d'ardeur, il semblait être du même avis : il faut le tuer ! Le lièvre a soif du sang de l'ours !

22

La mer Blanche

La lune se couchait. Vatanen emballa dans son sac à dos des provisions pour quelques jours, fourra une vingtaine de cartouches dans la poche du sac et remplit le chargeur du fusil, aiguisa sa hache, prit encore cinq paquets de cigarettes, des allumettes, du fart. Il dit au lièvre : «Tu viens aussi, n'est-ce pas.»

Sur la table, Vatanen laissa un mot où il avait écrit :

Je suis parti sur les traces d'un ours, j'en ai peut-être pour plusieurs jours. Vatanen.

Vatanen ferma derrière lui la porte de la cabane, farta ses skis, jeta le sac et le fusil sur son dos et chaussa les planches. Les alentours de la cabane étaient couverts de traces d'ours, mais un peu plus loin Vatanen distingua dans la pénombre les traces fraîches d'un ours au galop. L'homme se propulsa sur la piste, la neige n'enfonçait pas trop.

«Cette fois-ci, on va t'avoir, nom de Dieu.»

La piste traversait le ravin. Vatanen skiait à bonne allure, le sac battait dans son dos, l'inondant de sueur. Le lièvre boitillait à ses côtés.

Le soleil de mars se leva dans un ciel dégagé, l'air était pur et piquant, la neige crissait sous les bâtons qui y laissaient leurs trous. Les conditions de route étaient parfaites. L'homme jouissait de la course, de la neige scintillante, si éblouissante dans le soleil levant qu'une douleur fulgurante lui transperçait le front quand il ouvrait grand les yeux.

On voyait aux traces que l'ours s'était calmé, il se croyait sans doute en sûreté. Vatanen força l'allure, il se pouvait bien qu'il trouve sa proie.

Dans l'après-midi, Vatanen plongea dans une sapinière touffue, vit que l'ours s'y était reposé. Le fauve avait sans doute entendu approcher le skieur et avait eu le temps de disparaître. Il fallait maintenant continuer la chasse, il faudrait sans doute plusieurs jours pour avoir l'ours, s'il l'avait jamais. La neige s'enfonçait heureusement plus sous le poids de l'ours que de l'homme à skis.

Ils atteignirent une vaste étendue marécageuse, les traces conduisaient vers le sud. En bordure d'une cuvette de près de dix kilomètres de large, Vatanen vit le pourchassé : l'ours disparut de l'autre côté de la cuvette, petit point noir dans la forêt enneigée de la rive opposée. Aiguillonné, Vatanen vola d'un trait sur la surface glacée.

Le soleil se couchait, on ne voyait plus les traces dans les endroits touffus, il fallait s'arrêter pour manger. Vatanen abattit un grand pin, fit du feu avec sa cime, grilla dans la poêle de la viande de renne, but du thé et dormit quelques heures. Quand il s'éveilla, la lune était levée, le ciel était clair, on pouvait à nouveau suivre la piste.

La clarté nocturne des forêts neigeuses était d'une beauté farouche. La traque excitait le skieur, il ne sentait pas la fatigue. La sueur lui glaçait le dos, le froid gagnait, ses cils gelaient en paquets qu'il lui fallait ensuite faire fondre sous sa main nue. Le lièvre broutait de temps en temps les taillis de saules au bord des ruisseaux. «Reste avec moi, lui disait Vatanen. Ce n'est pas le moment de manger.»

L'ours s'était couché à deux reprises, il devait commencer à fatiguer. Mais il avait entendu chaque fois dans la nuit cristalline l'approche du skieur et avait fui. Il courait maintenant vers le sud-est. Dans la journée déjà la piste avait croisé la route de Tanhua, on approchait maintenant des grands massifs forestiers du Nord-Est. Ils franchirent cette nuit-là plusieurs rivières, l'ours s'était une fois arrêté pour boire l'eau glacée d'un trou de fonte. Vatanen contourna les glaces fondantes, tomber par inadvertance dans l'eau noire et glaciale signifiait la mort.

La lune se coucha, le ciel s'assombrit, il fallut s'arrêter autour d'un feu. Vatanen s'endormit à la chaleur des flammes, le lièvre mangea un peu puis s'endormit lui aussi.

Au lever du soleil, Vatanen poursuivit sa course. Il estima qu'on était maintenant dans la circonscription de Savukoski, quelque part dans les régions inhabitées à l'ouest de Martti. On tomberait bientôt sur la grand-route, l'ours avait l'air de courir droit sur le clocher de Savukoski. Et effectivement, ils traversèrent la route peu de temps après.

L'ours avait franchi la route de Savukoski à Martti à mi-chemin entre les deux villages. Les talus laissés par les chasse-neige l'avaient tellement irrité qu'il avait arraché au passage le panneau de signalisation, l'avait tordu comme un fétu. C'était comme un message laissé à Vatanen :

«Mes forces sont intactes, n'approche pas, humain.»

Mais Vatanen poursuivit sa course.

L'après-midi, le soleil transforma la neige en soupe, elle se mit à coller à la semelle des skis, avancer devint un effort harassant. La poursuite commença à sembler vaine, malgré les traces fraîches dans la neige. Il fallut s'arrêter, la neige se tassait en paquets trop lourds sous les skis. Ce n'est que dans la soirée que la neige durcit. Vatanen skia deux heures mais la nuit se fit ensuite trop noire – cette nuit-là la lune ne se leva pas. Il fallait passer la nuit au feu de camp. Vatanen estima qu'on était arrivé dans la commune de Salla. Le lièvre était complètement éreinté mais il ne se plaignait pas, d'ailleurs il ne se plaignait jamais de son sort. Vatanen lui coupa un jeune tremble, l'écorça à la hache. Le lièvre mangea et se laissa tomber pour dormir dans le cercle de lumière du feu de camp, les pattes allongées. Jamais auparavant le lièvre n'avait eu l'air aussi fatigué.

«Ce train doit être aussi épouvantable pour l'ours.»

Dès qu'il fit assez clair pour voir les traces, Vatanen reprit la piste. Son sac était léger, les provisions terminées. Et il fallait faire vite. Il fallait tuer l'ours avant la frontière entre la commune de Salla et l'Union soviétique. Sa course le menait à travers les déserts du nord de la vallée du Tenniojoki vers le village de Naruska, selon les estimations de Vatanen. Depuis des jours déjà il était sorti des limites des cartes en sa possession et il devait maintenant chercher dans sa mémoire l'aspect de la région sur la carte générale de la Finlande.

Une journée monotone, terriblement dure.

Ils arrivèrent dans la soirée au sud du mont de l'Ours. Vatanen quitta la piste pour la route qui conduisait au village. Il était si fatigué qu'il tomba sur la route glissante, déblayée au chasse-neige. Des écoliers du village le croisèrent, tous le saluèrent. C'est la coutume dans le Nord, les enfants saluent les adultes. Vatanen demanda aux enfants où se trouvait le magasin.

Mais le magasin avait depuis longtemps cessé toute activité. Un camion-épicerie passait deux fois par semaine. Vatanen ôta ses skis, alla à la maison voisine du magasin. Dans la salle, l'homme de la maison était à table, sa femme épluchait près du fourneau des pommes de terre brûlantes, elle les apportait une par une à l'homme.

Un homme au bord de l'épuisement inspire une certaine crainte mais aussi de la confiance ; il a dans le Nord certains droits qu'un instinct plein de tact reconnaît. Le maître de maison désigna la chaise à côté de lui, invita Vatanen à manger.

Vatanen mangea. Il était si fatigué que la cuiller tremblait dans sa main au rythme des battements de son cœur. Il avait oublié son bonnet sur sa tête. Le ragoût de renne était succulent et nourrissant, Vatanen mangea tout.

« Quand passe le camion-épicerie ? demanda Vatanen.

– Demain seulement.

– Je suis pressé, est-ce que je pourrais trouver chez vous des provisions pour quelques jours ?

– D'où tu arrives ?

– De Sompio. Des Gorges-Pantelantes.

– C'est un glouton que tu poursuis ?

– Quelque chose dans ce genre-là. »

Des écoliers entrèrent dans la salle, ils menaient grand tapage. Le père les envoya dehors et conduisit Vatanen dans la chambre. Il enleva le couvre-pieds des lits jumeaux et lui dit de dormir. On l'entendit dans la salle dire à sa femme :

« Mets des provisions pour quatre jours dans le sac et dis

aux enfants de ne pas faire de bruit dehors. Je le réveillerai tout à l'heure.»

Vatanen s'ébroua deux heures plus tard sans avoir été réveillé. Il s'aperçut qu'il avait dormi tout habillé sur les draps, avec ses chaussures. Dans la salle, les enfants caressaient le lièvre. Quand ils virent que Vatanen était debout, ils se mirent à bavarder avec animation.

Vatanen posa un billet de cent marks sur la table mais son hôte le lui rendit. Ils sortirent. Vatanen se sentait raidi, il avait mal au ventre.

«Vous n'auriez pas de l'eau boriquée?

– Leena, va en chercher à l'intérieur.» La fillette rapporta en courant un flacon d'antiseptique. Vatanen dénuda son ventre, l'homme vit les marques de dents.

«Il a une sacrée mâchoire.»

Il badigeonna la morsure enflammée, on ajouta quelques tours de gaze sur le ventre de Vatanen. Ce dernier se tourna vers les bois pour reprendre la piste. Avant de partir, il cria de l'orée du bois à son hôte :

«Ce village, c'était Kotala ou Naruska?

– C'était Naruska!»

Vatanen trouva rapidement la piste et la lutte reprit. On voyait que l'ours était fatigué et furieux : il avait déchiqueté les arbres sur son passage, arrachant l'écorce, renversé quelques bouleaux morts; des éclats de bois avaient volé alentour. Vatanen se demanda si l'ours allait disparaître de l'autre côté de la frontière.

«Mon bonhomme, rien ne peut te sauver, pas la peine de chercher la protection d'une grande puissance.»

Une bise glaciale se leva dans la nuit. La lune n'apparaissait qu'à peine entre les nuages. Il fallut suspendre la poursuite pour les heures de la nuit. Au matin, le vent avait balayé les traces et Vatanen dut skier en zigzag avant de retrouver une piste fraîche au milieu des tourbillons de neige.

Combien de jours déjà? Cela n'avait plus d'importance.

Vatanen fourra le lièvre harassé dans son sac et repartit. La neige tombait plus dru, la tempête se leva. Dans l'air laiteux, il était difficile de repérer des traces, même fraîches. Vatanen savait que s'il perdait maintenant la piste, toute la poursuite aurait été vaine. Son ventre le brûlait de nouveau, les bandes de gaze avaient glissé sur ses reins mais il n'avait pas le temps de les rajuster.

On arrivait à flanc de colline, la bourrasque faillit renverser l'homme trempé de sueur, mais il se maintint sur la piste, il le fallait! Ses yeux s'obscurcissaient. Vatanen était-il en train de perdre la vue, après avoir fixé pendant plusieurs jours les traces dans la neige éblouissante, sans doute.

«Tu ne sortiras bougre pas vivant de mes griffes!»

La poursuite ressemblait à un mauvais film, dans la tempête, on ne voyait pas à plus de quelques mètres. Vatanen suivait mécaniquement les traces recouvertes de neige, la joie des premiers jours de glisse avait disparu. La tempête fit rage toute la journée. Vatanen n'était même plus certain de la direction qu'ils suivaient, mais il s'accrochait à la piste comme une sangsue. Il avala en chemin une motte de lard gelé de Naruska et se fourra dans la bouche comme boisson une poignée de neige accumulée sur ses épaules; et soudain les traces tombèrent de la forêt sur une route dégagée. L'ours était si fatigué qu'il était parti au galop sur la route. Il avait dérapé sur la surface gelée, on voyait sous la neige soufflée par le vent les grosses marques de griffes. Vatanen frissonna, il avait froid dans le dos.

On arrivait à un carrefour. Il y avait des panneaux indicateurs. Excellent! Vatanen saurait enfin où on était.

Vatanen s'arrêta au carrefour, s'appuya lourdement sur ses bâtons, commença à lire les indications sur les panneaux, mais n'y comprit rien.

Vatanen était passé du côté de l'Union soviétique. Les panneaux étaient en russe, en caractères cyrilliques. La sueur de l'étonnement monta au front de l'homme éreinté.

Devait-il faire demi-tour, fallait-il se livrer aux autorités soviétiques?

«Maintenant qu'on est là, bordel.»

Vatanen ne resta pas longtemps indécis au carrefour. Il se remit à la poursuite de l'ours, skia sans mollir jusqu'au soir. Il aperçut à la nuit la silhouette de l'animal qu'il traquait, mais l'obscurité emporta le fauve avec elle. Une fois de plus, Vatanen coupa un pin, fit du feu et passa pour la première fois la nuit sur le territoire de l'Union soviétique. Devant lui s'étendaient les immenses forêts désertes de la péninsule de Kola, c'est là que le prix du sang serait compté.

Les jours suivants, le ciel se dégagea quelque peu. Vatanen skiait aux trousses de l'ours comme un bélier fou; ils franchirent plusieurs grandes routes, l'ours filait vers l'est et semblait ne jamais devoir faiblir. Venant du sud, un avion supersonique traversa le ciel en direction de Mourmansk, Vatanen s'arrêta pour le regarder passer. L'appareil, avec ses ailes étincelantes et son effroyable vitesse, fit une profonde impression au skieur épuisé; innombrables sont les véhicules de l'homme.

Vatanen évitait les villages et traçait sa route à travers des lieux inhabités. Il ne rencontra pas âme qui vive mais croisa toutefois au milieu du désert des traces de chenillettes. Était-il possible que le franchissement de la frontière n'eût pas été repéré? Peut-être, dans la tempête Vatanen lui-même n'avait pas remarqué la ligne frontière. Les ragots sur le rideau de fer étaient en tout cas démentis, pas un seul barbelé ne s'était pris dans ses skis.

Les provisions étaient épuisées depuis deux jours déjà, mais la chasse continuait. On arrivait à un petit village, l'ours avait passé la nuit dans les ruines d'un bâtiment de pierre. Une ancienne saline, conclut Vatanen. On était donc arrivé au bord de la mer. Au bord de la mer Blanche.

Ils tombèrent ensuite sur la voie ferrée de Mourmansk. Vatanen traversa les nombreux rails, les skis brinquebalant et claquant dans le gel. Il eut le temps de remarquer avant de reprendre sa course que la voie était électrifiée. Le soir précédent, Vatanen s'était contenté pour toute nourriture de faire bouillir des couennes de lard, tellement il avait faim; rien ne lui importait plus que l'ours.

Ils arrivèrent enfin à la limite de la mer. L'ours se précipita sur la surface gelée, on voyait au loin un brise-glace noir dans le sillage duquel nageaient quelques petits cargos.

L'ours courait sur la glace de la baie de Kandalaksa, Vatanen skiait derrière lui. Quelques kilomètres au nord, les fumées des cheminées d'usine de la ville de Kandalaksa montaient dans le ciel pur et glacé.

L'ours courut jusqu'au chenal du brise-glace. Vatanen le suivit, la dernière bataille du terrible voyage se déroulait sur la glace immaculée, éblouissante, de la mer Blanche.

L'ours se dressa au bord du chenal sur ses pattes arrière, poussa un cri strident; le collier blanc étincela au soleil sur la fourrure sombre. L'ours se tourna vers Vatanen, féroce, hurlant de rage. Vatanen enleva ses skis, s'allongea sur la glace, fit fondre sous son pouce le givre de la lunette, ôta le cran de sûreté et visa l'ours en pleine poitrine.

Le grand ours s'affaissa sur la glace, une balle avait suffi. Vatanen rampa jusqu'à l'ours, lui ouvrit la gorge, laissant échapper un sang noir et coagulé; Vatanen en but deux goulées dans le creux de sa main. Puis il s'assit sur l'énorme carcasse et alluma une cigarette, la dernière. Il pleurait; il ne savait pas pourquoi, mais les larmes coulaient, il caressa la fourrure de l'ours, caressa le lièvre qui reposait les yeux clos dans le sac.

Deux gros avions se posèrent sur la glace, des soldats sautèrent à terre. Une vingtaine d'hommes s'approchèrent de Vatanen, l'un d'eux dit en patois carélien:

« Aliors, camarade, tu l'ias eu. Au nom de l'Armée rouge, j'tieu présente nos félicitations. Et puis j'vieux t'arrêter comme espion, mais ne t'inquiète surtout pas camarade, c'est juste une formalité. Bois donc un coup. »

La gorgée brûlante de vodka glacée sécha ses larmes, Vatanen se présenta, déclara:

« Je vous demande pardon d'avoir franchi la frontière, mais sans cela, je n'aurais pas pu tuer cet ours.

– Vot, on te pardonne! Tu as si bien skié! Monte dans l'avion maintenant, les hommes vont dépecer l'ours, tu prends ce lièvre avec toi? »

Ils montèrent dans l'avion qui quitta la glace, vola quelques minutes et se posa sur la terre ferme, sur une piste d'atterrissage.

« Vot, d'abord au sauna, puis au dodo. L'interrogatoire, ce sera pour demain. »

23

Au gouvernement

Vatanen et le lièvre restèrent détenus deux mois en Union soviétique. Pendant cette période, Vatanen fut interrogé plusieurs fois et on lui demanda des renseignements sur la Finlande. Il apprit que les patrouilles soviétiques avaient suivi son arrivée à la frontière et surveillé ensuite toutes les étapes de sa course jusqu'à la mer.

On avait parlé de Vatanen à la radio carélienne.

Le journal de la Carélie soviétique fit une interview de Vatanen, on le prit en photo la peau d'ours sur l'épaule, le lièvre sous le bras. Tous les représentants de l'autorité se montraient amicaux envers lui, il ne fut pas mis en prison et eut la permission de circuler librement à Petrozavodsk quand il eut promis de ne pas rechausser ses skis pour la Finlande tant que son cas ne serait pas réglé.

On avait envoyé en Finlande un procès-verbal d'interrogatoire de deux cents pages où étaient exposés en détail les agissements de Vatanen aussi bien du côté finlandais que soviétique. Les autorités soviétiques demandaient au ministère finlandais de l'Intérieur de vérifier la véracité des dires de Vatanen. Un mois plus tard, on reçut à Petrozavodsk un document des autorités finlandaises confirmant les déclarations de Vatanen ; selon ce document, Vatanen s'était rendu coupable en Finlande de nombreux délits.

Vatanen était accusé de violation de la foi conjugale. Il avait abusé les autorités en ne signalant pas son changement d'adresse quand il avait, en été, abandonné le domicile conjugal. Il était par conséquent accusé de vagabondage. Cinquièmement, Vatanen avait gardé quelques jours un animal sauvage en sa possession, sans autorisation valable. À Nilsiä (6) Vatanen avait clandestinement pêché au lamparo avec un dénommé Hannikainen et ce sans permis de pêche ; 7) pendant un incendie de forêt, il avait contrevenu à la législation sur l'alcool en consommant des boissons alcoolisées distillées clandestinement ; 8) de plus, pendant le même incendie, Vatanen avait déserté son poste pendant vingt-quatre heures pour consommer de l'alcool avec un dénommé Salosensaari ; 9) à Kuhmo, Vatanen avait profané un défunt ; 10) au village de Meltaus, sur l'Ounasjoki, Vatanen avait participé au détournement et à la vente illicite d'un butin de guerre allemand ; 11) à Posio, Vatanen avait martyrisé un animal ; 12) au Ruisseau-à-la-con, il avait malmené un moniteur de ski du nom de Kaartinen ; de plus : 13) Vatanen avait négligé d'avertir les autorités en temps utile de la présence d'un ours dans la zone des Gorges-Pantelantes, à Sompio ; 14) pris part à une chasse à l'ours non déclarée, sans autorisation de port d'arme ; 15) participé sans invitation officielle à un dîner offert par le ministère des Affaires étrangères ; 16) fait soigner le lièvre en sa possession, sur la foi de faux renseignements, dans un établissement public de recherche, à Helsinki, sans acquitter les frais correspondants ; il avait de plus : 17) malmené dans les toilettes d'un restaurant de Helsinki le secrétaire des Jeunesses nationales; 18) conduit une bicyclette en état d'ivresse sur la route de Kerava; 19) au cours d'un voyage à Turenki et Hanko, il s'était fiancé, alors qu'il était marié, à une dénommée Heikkilä; Vatanen avait encore : 20) récidivé en chassant à nouveau un ours protégé sans autorisation de port d'arme; 21) franchi au cours de cette chasse la frontière entre la Finlande et l'Union soviétique, sans passeport ni visa en règle; il s'était ensuite rendu coupable des faits qu'il avait avoués 22) aux autorités soviétiques.

Étant accusé de ces divers délits, Vatanen devait être jugé par la justice finlandaise, concluait le document. Il exigeait l'extradition de Vatanen et la restitution à la Finlande de la peau de l'ours abattu par Vatanen ainsi que le retour en Finlande du lièvre en possession de Vatanen.

«Quel criminel», rigola le fonctionnaire chargé à Petrozavodsk des interrogatoires. «Je vais être obligé de t'envoyer à Leningrad au gouvernement, ils étudieront ton cas.»

À Leningrad, on logea Vatanen à l'hôtel *Astor* le temps de régler l'affaire du côté soviétique. La justice soviétique renonça à ses droits sur lui et enfin, le 13 juin, Vatanen fut conduit à la gare au train en partance pour la Finlande. Le major qui l'accompagnait le serra énergiquement dans ses bras, l'embrassa sur les deux joues :

«Camarade, quand tu seras libre, vot, reviens à l'hôtel *Astor*, on boira un coup ensemble!»

Épilogue

Voici ce qu'il advint de Vatanen : il fut arrêté à la frontière, à Vainikkala, et envoyé en fourgon cellulaire à Helsinki, où on expédia aussi le lièvre ; ce dernier voyagea dans une boîte en contreplaqué avec des trous ronds sur le côté et une étiquette marquée *animal* apposée sur le couvercle.

En détention préventive, Vatanen réfléchit à la situation mais ne laissa paraître aucun remords et s'endurcit au contraire entre ces murs au point que même l'indulgent pasteur de la prison secouait la tête, la gorge serrée.

Le lièvre posait un problème aux autorités : il appartenait indubitablement à Vatanen, on ne pouvait ni l'assassiner ni le manger. Vatanen demanda par l'entremise de son avocat que le lièvre soit jugé comme complice de tous les délits dont on l'accusait ; Vatanen espérait sous ce prétexte pouvoir endurer les tristesses de la prison en compagnie de son animal chéri.

Le directeur de l'administration pénitentiaire étudia la loi et conclut que si Vatanen avait été une femme et le lièvre son bébé, on aurait pu emprisonner l'enfant avec sa mère jusqu'à ce qu'il puisse se débrouiller sans elle, mais on ne pouvait pas en Finlande traiter un animal de cette façon. Bien sûr, le lièvre n'était pas à proprement parler l'animal familier de Vatanen, mais le plus haut fonctionnaire de l'administration pénitentiaire estima cependant dans sa réponse qu'autoriser aux prisonniers la compagnie d'animaux familiers ou assimilés devait également être proscrit. De plus, les lois sur la protection des animaux interdisaient de placer le lièvre dans la même cellule que Vatanen car l'endroit était trop malsain pour un animal sauvage, et le lièvre de Vatanen pouvait juridiquement être considéré comme tel. Cela étant, la direction de l'administration pénitentiaire refusait le transfert du lièvre dans la cellule, car il risquait d'y mourir. «Vous comprenez bien que cette cellule est un endroit trop sinistre pour un innocent animal», expliqua le pasteur de la prison à Vatanen quand il vint apporter à l'accusé la réponse des autorités.

La question ne fut réglée que quand Vatanen écrivit une lettre au président de la République; il fit sortir la lettre en fraude des murs de la prison, collée au fond d'une gamelle à destination de l'usine de galvanisation, où un ouvrier l'avala pour l'évacuer ensuite le soir dans son studio par les voies naturelles; il sécha le document, le repassa, le mit dans une enveloppe propre et la déposa en pleine nuit, au clair de lune, dans la boîte aux lettres du palais présidentiel, d'où la lettre fut portée le lendemain matin à six heures précises au secrétariat du président, avec beaucoup d'autres.

Entre le moment où la lettre fut ouverte et le moment où on apporta le lièvre dans un panier d'osier dans la cellule de Vatanen, il ne s'écoula qu'une heure et dix minutes. Lorsque je demandai à Vatanen comment il avait négocié l'affaire, il répondit qu'il ne voulait pas s'étendre sur le sujet, la lettre ayant été dès le début une missive confidentielle.

Moi-même, l'auteur de ce livre, j'ai eu la chance exceptionnelle de pouvoir rendre visite à Vatanen pendant sa détention provisoire ; nous avons eu de longues conversations dont j'ai pris note le plus fidèlement possible et c'est à partir de ces notes que j'ai écrit ce livre.

J'ai gardé l'image d'un homme d'une rare profondeur et d'une grande bonté ; je me souviendrai toujours des derniers mots de Vatanen à la fin de notre ultime entrevue : « C'est la vie. »

À mon avis, la geste biographique de Vatanen révèle son sens révolutionnaire, authentiquement subversif ; et c'est là que réside sa grandeur. Quand Vatanen dans sa sinistre cellule caressait son lièvre avec la tendresse d'une mère, l'humanité prenait pour moi un sens. Je me rappelle ces moments où Vatanen regardait les yeux humides le mur de pierre de la prison et il me semblait vaguement que rien ne pourrait empêcher cet homme victime de circonstances malheureuses de révéler encore une fois sa force la plus intime.

Ce livre allait être mis sous presse quand un coursier m'apporta dans mon bureau un message urgent de la prison : Vatanen et le lièvre s'étaient évadés !

Je me précipitai à la prison pour apprendre les détails de l'évasion. C'est aussi l'une des affaires les plus étranges de notre histoire criminelle : Vatanen avait un tel besoin de liberté qu'un jour de souffrance il avait traversé, le lièvre dans les bras, le mur qui séparait sa cellule de la cour intérieure de la prison, l'avait parcourue jusqu'au mur d'enceinte qu'il avait également traversé pour se trouver libre ; et jamais plus on n'a revu Vatanen ni le lièvre. Les gardiens de prison étaient restés comme paralysés pendant les quelques instants de sa fuite derrière leurs mitraillettes et leurs harpons, sans pouvoir s'opposer à cette évasion. L'avocat de Vatanen, maître L. Heikkilä, n'a pas non plus été vue depuis le lendemain de l'évasion et personne ne sait où elle pourrait être.

Et ce dernier geste connu montre encore qu'il n'y a pas à plaisanter avec Vatanen.

À Suomusjärvi, le 14-5-1975
ARTO PAASILINNA

Arrêt
sur
lecture 3

Perturbations

Loin des hommes

L'invasion de la cabane des Gorges-Pantelantes par les troupes en manœuvres et le cortège des délégations étrangères marque la fin de la solitude bienheureuse de Vatanen. La société qu'il avait fuie le rattrape, et les ennuis commencent… Les chapitres 16 à 20 marquent donc une rupture dans le récit, rupture qui concerne aussi bien l'espace et le temps que le mode narratif lui-même.

L'équilibre que Vatanen avait trouvé, allant jusqu'à envisager de cohabiter avec l'ours des parages, est en effet rompu par la réquisition de la nature au seul « profit » des envahisseurs. L'environnement est ainsi transformé en terrain de jeu pour militaires, avec ce que cela suppose d'aménagements de la réalité. De même, les animaux présents deviennent prétextes à des caprices divers qui nient leurs droits à l'existence ou à la liberté. L'ours est l'objet d'une convoitise malsaine et parfaitement ignorante (p.145) :

> Nous voudrions le rencontrer. Nous avons l'intention d'abord de le regarder, de prendre des photos et de le filmer, puis nous voudrions l'abattre.

De même, la dame suédoise s'entiche du lièvre sans imaginer une seule seconde qu'il puisse appartenir à Vatanen, avoir une existence propre (p. 150) :

> La dame déclara qu'elle ne pouvait en aucun cas abandonner ce pauvre petit lièvre dans ces terribles solitudes, à la merci des bêtes sauvages, livré à la torture de barbares finlandais.

Méconnaissance de la vie sauvage, inconscience, hiérarchie humiliante, lâchetés, marchandages et mépris : la société des hommes brille à nouveau de tous ses défauts. La place de Vatanen y est cependant marginale, et le lecteur peut mesurer l'écart qu'il a creusé entre lui-même et ses semblables, puisque sa présence est désormais à peine tolérée. Vatanen est en effet perçu comme « un homme exceptionnellement mesquin » parce qu'il refuse de céder ses droits sur le lièvre. Sa mauvaise grâce à se prêter à la chasse à l'ours, son culot qui le fait s'asseoir à la table officielle, puis dans l'hélicoptère, sans y être invité, prouvent assez qu'il passe désormais outre les convenances, le protocole ou les folies des citadins et des officiels. L'ancien journaliste célèbre a pris ses distances avec la comédie sociale.

Rechute

Temps urbain contre temps rural – N'importe : le mal est fait. Vatanen va en effet « replonger ». L'incendie de la cabane a pour conséquence de le ramener en ville. Le récit subit alors des perturbations importantes. La cohérence chronologique des premiers chapitres du livre fait place à une temporalité beaucoup plus confuse. Jusqu'au chapitre 19, en effet, l'écoulement du temps était assez régulier, les ellipses peu nombreuses et de courte durée : on suivait Vatanen depuis le début de l'été, on l'avait vu s'installer dans la forêt en août avec les premières neiges, et « un mois à peine s'était écoulé depuis le passage de Kaartinen » quand Vatanen voit arriver les militaires. L'incendie a donc probablement lieu fin septembre ou début octobre. Jusqu'alors, les chapitres du roman ont fourni régulièrement, souvent dès les premières lignes, des repères chronologiques au lecteur : « C'était l'été de la Saint-Jean » ; « À la mi-juin » ; « Un matin de la fin juillet » ; « À la fin du mois de juillet » ; « Fin juillet, début août » ; « Avant les premières neiges » ; « Dans la semaine qui suivit la mort du corbeau » ; « Un mois à peine s'était écoulé ». Or, au chapitre 19, le lecteur apprend que l'hiver est venu, que l'action se situe autour de Noël. L'ellipse couvre donc tout l'automne. De cette période passée sous silence, seuls les huit derniers jours de beuverie sont racontés rétrospectivement : le reste est perdu, la temporalité du roman est bel et bien trouée. Il semble donc que le temps urbain ne soit pas de la même qualité que le temps rural : il ralentit dans la forêt, puis s'accélère et procède par bonds chaotiques à Helsinki. Janvier n'a le droit qu'à quelques lignes : au chapitre 20, on apprend que l'« on était déjà en février ».

Les règles temporelles bouleversées – L'organisation même des chapitres 19 et 20 est conçue de manière à déstabiliser le lecteur en lui ôtant la possibilité de se repérer comme il a pu en prendre l'habitude. Ces deux chapitres contigus partent d'un présent que rien ne peut permettre de rattacher à un quelconque passé. Vatanen émerge d'abord de son « empoisonnement éthylique » sans pouvoir se remémorer quoi que ce soit concernant le lieu où il se trouve ou les deux personnes qui l'entourent. Il faut que Leila prenne en charge la narration (« Morceau par morceau, l'aventure commença à prendre forme au fil du récit de la fille ») pour que le lecteur puisse reconstituer la chaîne des événements. Le chapitre 20 est plus abrupt encore. Il commence au plein milieu d'une action (p. 197) :

> Vatanen se jeta dans la neige boueuse. Un coup de fusil claqua tout près, puis un autre. Les chevrotines crissèrent dans les branches de sapin.

Il se poursuit par un retour en arrière explicatif pour revenir au moment critique quelques pages plus loin :

> Vatanen se cacha dans la forêt et quand les hommes atteignirent la langue de terre, ils tirèrent dans la direction de Vatanen. Et maintenant, Vatanen était couché dans la neige boueuse.

L'action, coupée net au moment le plus dramatique, dans la confusion la plus totale, repart sur les chapeaux de roue derrière le lièvre qui détale pour échapper aux molosses. C'est la marche même du temps qui semble devenir folle.

Espace et temps – On peut noter enfin que cette détérioration temporelle est consécutive aux voyages en hélicoptère et en avion qui, de façon comparable, ont rompu avec l'espace. Jusqu'alors le voyage se déroulait étape par étape et vers l'avant, vers l'avenir ; le trajet vers Helsinki au contraire arrache Vatanen aux paysages qu'il arpente à ski et se fait vers l'arrière. Il s'agit bien d'une régression. Vatanen en prend d'ailleurs conscience et repart. À peine est-il revenu en Laponie, le narrateur déclare : « Le printemps arriva, le temps s'écoulait agréablement dans le pur climat du Nord. » La narration renoue avec l'ordre qu'a interrompu l'épisode d'Helsinki. L'espace et le temps se cristallisent alors dans le récit de la traque où chaque mètre parcouru, chaque instant compte. Le lecteur retrouve la cohérence chronologique du début ; dans la traque, les actions s'enchaînent logiquement, inéluctablement, jusqu'à la fin.

L'intertextualité : Aleksis Kivi et Marcel Aymé

Le plaisir de lire une histoire augmente toujours chez le lecteur quand il peut y relever les allusions à d'autres textes. Une complicité s'établit alors avec l'auteur autour de références communes. Paasilinna offre au moins deux fois la possibilité d'un tel plaisir du partage. Mais si les lecteurs français peuvent décoder aisément la référence à une œuvre de leur patrimoine national, *Le Passe-Muraille* de Marcel Aymé (1902-1967), il leur est peut-être plus difficile de trouver dans *Le Lièvre de Vatanen* l'écho de *Sept Frères*, roman d'Aleksis Kivi (1834-1872) que les Finlandais connaissent tous, et inversement.

Paasilinna et Kivi

L'incendie de la cabane des Gorges-Pantelantes ne peut pas ne pas rappeler en effet une scène du roman de Kivi dans laquelle les personnages sont eux aussi obligés de quitter leur cabane en proie à un incendie. Voici l'extrait en question (traduction de Jean-Louis Perret, Stock) :

« Comme un rond sur la surface de l'eau se propage également et rapidement de tous les côtés, ainsi le brillant cercle de feu se répandit sur le plancher. La flamme vive montait toujours plus haut ; elle léchait déjà le fond de la soupente, quand enfin les habitants de la cabane remarquèrent le danger. Mais ils l'aperçurent trop tard pour réussir à sauver autre chose que leurs vies et celles des bêtes qui logeaient avec eux. Les flammes ondoyaient déjà de toutes parts, et la confusion, la détresse étaient grandes. Ils se ruèrent tous vers la porte qu'ils ouvrirent, et hommes, chiens, chat et coq se précipitèrent dehors presque tous ensemble avec un vacarme affreux. Il semblait que la maison les eût vomis avec la fumée sur le sol couvert de neige, où ils se tenaient, toussant à qui mieux mieux. Lauri sortit le dernier, tirant par la bride Valko qui sans cela serait devenu la proie du feu. Des flammes violentes sortaient déjà par les petites lucarnes et se faisaient jour par la porte et par le toit. La massive cabane d'Impivaara se tordit dans l'incendie, et sur le sol neigeux hommes et bêtes restaient sans abri ; la hutte de charbonnier, leur premier logis en ce lieu, était déjà délabrée jusqu'aux fondements, et le grenier à vivres était aussi peu hermétique qu'un nid de pie. Les frères grelottaient sur place, et leur seule protection contre le froid et le vent était leur courte chemise de toile. Ils n'avaient pas même eu le temps de soustraire à la fureur du feu des casquettes pour se couvrir la tête ni des pantoufles d'écorces pour leurs pieds. De tout le mobilier de la maison, il ne leur restait que les fusils et les havresacs qu'ils avaient mis dans le grenier avant de prendre le bain. Les frères piétinaient dans la neige, le dos tourné vers l'incendie bruyant, levant pour le réchauffer tantôt le pied droit, tantôt le gauche, et leurs jambes, exposées à la neige et au feu, rougissaient comme les pattes palmées des oies. »

Dans les deux romans, l'incendie démarre sans que les personnages s'en aperçoivent :

« La cabane du Ruisseau-à-la-con était la proie des flammes et brûlait certainement depuis une paire d'heures. » (Paasilinna)	« La flamme vive montait toujours plus haut ; elle léchait déjà le fond de la soupente, quand enfin les habitants de la cabane remarquèrent le danger. » (Kivi)

Chacun décrit la ruée hors de la cabane en flammes :

« Des militaires avec leurs épouses, en sous-vêtements, se bousculaient pour sortir de la grande cabane de rondins, ça criait fort. » (Paasilinna)

« Ils se ruèrent tous vers la porte qu'ils ouvrirent, et hommes, chiens, chat et coq se précipitèrent dehors presque tous ensemble avec un vacarme affreux. » (Kivi)

Les personnages du *Lièvre de Vatanen*, comme ceux des *Sept Frères*, se retrouvent dévêtus dans la neige :

« L'homme eut bientôt réuni une brassée de vêtements et de bottes qu'il étala sur la neige fondante pour en vêtir les femmes nues enroulées dans les couvertures. » (Paasilinna)

« Les frères grelottaient sur place, et leur seule protection contre le froid et le vent était leur courte chemise de toile. » (Kivi)

Les personnages partagent la même gesticulation :

« Le général se dandinait d'un pied sur l'autre, car la neige fondait sur ses chaussettes. » (Paasilinna)

« Les frères piétinaient dans la neige, le dos tourné vers l'incendie bruyant, levant pour le réchauffer tantôt le pied droit, tantôt le gauche. » (Kivi)

Paasilinna et Aymé

Des rapprochements de même nature peuvent également être faits avec *Le Passe-Muraille* (1943). Dans cette nouvelle, Marcel Aymé imagine les aventures d'un obscur employé de bureau nommé Dutilleul, qui découvre qu'il possède « le don singulier de passer à travers les murs sans en être incommodé ». En voici un extrait (Folio n° 961) :

« En renonçant à la liberté, Dutilleul croyait céder à un orgueilleux désir de vengeance, alors qu'en réalité il glissait simplement sur la pente de sa destinée. Pour un homme qui passe à travers les murs, il n'y a point de carrière un peu poussée s'il n'a tâté au moins une fois de la prison. Lorsque Dutilleul pénétra dans les locaux de la Santé, il eut l'impression d'être gâté par le sort. L'épaisseur des murs était pour lui un véritable régal. Le lendemain même de son incarcération, les gardiens découvrirent avec stupeur que le prisonnier avait planté un clou dans le mur de sa cellule et qu'il y avait accroché une montre en or appartenant au directeur de la prison. Il ne put ou ne voulut révéler comment cet objet était entré en sa possession. La montre fut rendue à son propriétaire et, le lendemain, retrouvée au chevet de Garou-Garou[1] avec le tome premier des *Trois Mousquetaires* emprunté à la bibliothèque du directeur. Le personnel de la Santé était sur les dents. Les gardiens se plaignaient en outre de recevoir des coups de pied dans le derrière, dont la provenance était inexplicable. Il semblait que les murs eussent, non plus des oreilles, mais des pieds. […] Malgré l'étroite surveillance dont il fut l'objet cette nuit-là, Dutilleul s'évada à onze heures trente. **»**

L'hommage est ici évident. Outre le personnage du passe-muraille lui-même, Paasilinna reprend à Marcel Aymé sa manière caractéristique d'introduire dans une réalité des plus banales un élément fantastique qui fasse contraste avec elle. Le don n'est que le prétexte à des péripéties triviales, comme le cambriolage des banques ou la visite à une jeune femme enfermée par son mari, chez Marcel Aymé, ou l'évasion finale de Vatanen. L'auteur refuse d'en tirer un parti plus romanesque et cherche à amuser son lecteur plus qu'à l'inquiéter en remettant la réalité en question. Vatanen a par ailleurs en commun avec Dutilleul de se révéler tout au long du récit : ils passent tous deux du statut de personnalités communes à celui de mythes en accomplissant des exploits rocambolesques. Pour l'un comme pour l'autre enfin, l'évasion symbolise la faculté des hommes libres à s'émanciper de toutes les aliénations sociales, à refuser le carcan des idées reçues, à faire éclater une vérité autre que celle des conventions. Cette liberté-là aime tourner les autorités en dérision, à souligner la vanité de leurs efforts pour contrôler et contraindre les hommes.

1. Garou-Garou : pseudonyme de Dutilleul.

L'explicit : une intervention humoristique de l'auteur

Une histoire vraie ?

Le lecteur peut trouver curieuse la déclaration de l'auteur à la page 224 :

> Moi-même, l'auteur de ce livre, j'ai eu la chance exceptionnelle de pouvoir rendre visite à Vatanen pendant sa détention provisoire ; nous avons eu de longues conversations dont j'ai pris note le plus fidèlement possible et c'est à partir de ces notes que j'ai écrit ce livre.

Cette déclaration est tout d'abord bien tardive. Mais elle est surtout paradoxale : censée conférer une réalité au personnage et à ses aventures, elle est formulée au moment même où l'existence réelle de Vatanen est la moins probante, au moment où il acquiert en effet le pouvoir fantastique de passer à travers les murs, dans les deux derniers paragraphes du roman :

> Il avait traversé, le lièvre dans les bras, le mur qui séparait sa cellule de la cour intérieure de la prison.

Éclaircissons ce paradoxe. Le procédé en lui-même est fort connu, et ceci depuis longtemps. Les romans qui affirment partir du témoignage de l'un des protagonistes, d'une correspondance exhumée ou d'un manuscrit anonyme sont en effet très nombreux. L'histoire se serait déroulée dans le monde réel, l'auteur ne serait que le dépositaire d'une mémoire à transmettre au public... Bref, le stratagème cherche à obtenir du lecteur qu'il feigne de croire qu'on lui raconte une histoire vraie. De fait, une première remarque, située au début du roman, allait déjà dans ce sens : alors que Vatanen change de tenue vestimentaire, le narrateur notait en effet :

> Les chaussures de ville et le veston furent pendus à un clou sur le mur de la cabane. Ils y sont sans doute encore aujourd'hui.

Le « aujourd'hui » renvoie au moment de l'écriture, donc à la personne réelle de l'auteur ; le « y » désigne aussi un endroit réel, le monde dans lequel vit l'auteur. De même, l'évocation du président Kekkonen au chapitre 7 concourrait au réalisme de l'œuvre en mêlant une personnalité historique aux personnages de fiction. Toutes les péripéties, tous les personnages sont crédibles par ailleurs dans l'ensemble du roman. Le procédé est donc simplement repris et amplifié dans les dernières pages. Le lecteur est supposé apprendre quelque chose sur les conditions dans lesquelles l'auteur a écrit, après s'être rendu à la prison d'Helsinki ; tout est censé s'être réellement passé. Le livre (la fiction) est même là pour en témoigner…

L'indestructible président Kekkonen, au pouvoir en Finlande durant vingt-cinq ans d'affilée.

Une légende ?

L'auteur, dans l'explicite, ne se contente cependant pas du rôle de secrétaire que lui confère habituellement cette ruse («c'est à partir de ces notes que j'ai écrit ce livre»). Il intervient également pour formuler un avis, pour donner du sens au récit (p. 224) :

> À mon avis, la geste biographique de Vatanen révèle son sens révolutionnaire, authentiquement subversif; et c'est là que réside sa grandeur. Quand Vatanen dans sa sinistre cellule caressait son lièvre avec la tendresse d'une mère, l'humanité prenait pour moi un sens.

Or, l'usage intensif de l'hyperbole dans la formulation de cet avis («geste biographique»; «révolutionnaire»; «grandeur»; «humanité») produit un effet contraire aux exigences du réalisme. Il tend à faire de Vatanen un personnage légendaire, plus qu'humain, incarnant tout un peuple, voire «l'humanité» tout entière. C'est toujours le cas dans «la geste», c'est-à-dire l'épopée, le récit des hauts faits de héros sublimes, tels que Väinämöinen pour les Finlandais ou Roland en France. Vatanen n'appartient donc pas tout à fait à notre monde quotidien; il se hausse au niveau des surhommes et peut dès lors bénéficier de pouvoirs surnaturels. Le pacte réaliste passé avec le lecteur est rompu. Ce surhomme, d'ailleurs, cadre mal avec l'image que le lecteur s'est faite de Vatanen au cours du roman. Si Vatanen s'est montré subversif, c'est souvent sans le savoir ni le vouloir, comme le montre la liste des chefs d'inculpation p. 220-221. Sa révolution est plus intérieure que sociale ou politique. Loin de se montrer toujours sublime, il a souvent été ridicule et faible, humain. Son dernier message en est la preuve ultime :

> Je me souviendrai toujours des derniers mots de Vatanen à la fin de notre ultime entrevue : «C'est la vie.»

Un trompe-l'œil fantaisiste

Tout l'explicit est donc construit en trompe-l'œil : réalité et fiction se dénoncent l'une l'autre. Les procédés qui tendent à nous faire croire à la réalité des faits sont ruinés par une légende elle-même plus que douteuse… En intervenant à la fin de son texte, l'auteur nous invite donc à prendre quelques distances. À l'en croire, traiter le récit comme pure fantaisie serait tout aussi dangereux que d'en faire un manifeste révolutionnaire. Il ne faut pas trop croire à ce qu'on nous raconte : tout ceci n'est que roman, loufoquerie, distraction. Mais il ne faut pas non plus sous-estimer les pouvoirs de la fiction : l'image du monde qu'elle nous renvoie est significative; elle nous incite à nous remettre en question. L'auteur affirme son statut de critique de la société mais rappelle qu'il ne peut intervenir que dans l'univers romanesque. La soif de liberté de Vatanen est aussi celle de Paasilinna. L'évasion hors de la prison d'Helsinki de l'un n'est peut-être qu'une métaphore de l'irréductibilité de l'autre à un quelconque message à délivrer; c'est une boutade, une pirouette, le rire métaphysique du clown.

à vous...

1 – Lecture analytique : la visite de l'ours, chapitre 21, de « C'est ainsi qu'une nuit l'ours fit tomber sur le sol le cadre de la fenêtre de la cabane » à « L'ours s'était enfui, la lune brillait ».
Quelles comparaisons l'auteur utilise-t-il pour décrire l'ours ? Sur quels aspects de l'animal ces comparaisons insistent-elles ?
Comment l'auteur parvient-il à faire monter la tension dans cette scène ?

2 – Enquête sur le contexte historique : relevez dans les chapitres 22 et 23 toutes les informations relatives à l'Union soviétique et à ses relations avec la Finlande. Comment peut-on expliquer les rapports décrits entre les deux États ?

3 – Lisez attentivement l'extrait suivant tiré de _L'Appel de la forêt_ de Jack London (1903). Dans quelle mesure peut-on prêter à Vatanen les mêmes sentiments que ceux du chien Buck ?

> « Les chiens n'avaient rien à faire que de rapporter au camp de temps à autre le gibier tué par Thornton, et en cette période, Buck passa de longues heures à rêver au coin du feu à ces choses primitives dont il avait la confuse nostalgie.
>
> Alors, aux visions troubles des époques lointaines, venait se

joindre l'appel qui résonnait au fond de la forêt, éveillant en lui une foule de désirs indéfinissables et d'étranges sensations. Mû par un pouvoir plus fort que sa volonté, il partait en quête, cherchant obscurément à découvrir l'origine de l'écho qui résonnait en lui. Errant dans la forêt, il humait avec ivresse la senteur de la mousse fraîche et des herbes longues couvrant le sol noir, parmi l'humus séculaire ; et ces odeurs salubres le remplissaient d'une joie mystérieuse déjà ressentie, lui semblait-il.

Alors le souvenir de l'Homme aux longs bras, couvert de poils, qu'il suivait jadis, lui revenait plus vif ; il s'attendait presque à le trouver, au détour du sentier marqué dans les taillis par le passage fréquent des bêtes sauvages, et il quêtait plus ardemment...

Parfois, il demeurait des journées entières blotti derrière un tronc d'arbre, guettant patiemment, avec une inlassable curiosité, tout ce qui bougeait autour de lui, le mouvement des multiples petites vies abritées par les grands arbres, insectes ou bestioles à poil fauve.

Puis il rentrait au camp et s'étendait de nouveau près du feu pour rêver.

Mais soudain, il levait la tête, dressait les oreilles, écoutait, plein d'attention. Obéissant à l'appel entendu de lui seul, il bondissait sur ses pieds et filait droit devant soi, pendant des heures, sous les voûtes fraîches de la forêt, au fond du lit desséché des torrents, dans les grands espaces découverts et fleuris. Mais, par-dessus tout, il se plaisait à courir ainsi dans la pénombre odorante des nuits d'été, alors que la forêt murmure dans son sommeil, et que ce qu'elle dit est clair comme une parole articulée. À cette heure, plus profond, plus mystérieux, plus proche aussi, résonnait l'Appel – la Voix qui incessamment l'attirait, du fond même de la nature. »

(traduction de Mme de Galard, Folio Junior n° 431)

Bilans

Le lièvre

Une relation aux multiples facettes

Le lièvre : un guide spirituel – Le lièvre n'est jamais à proprement parler un personnage principal ; sa présence aux côtés de Vatanen est souvent traitée sur le mode anecdotique. En effet, s'il déclenche l'action au premier chapitre, son rôle par la suite consiste surtout à l'accompagner. Il est ainsi évoqué à intervalles réguliers, mais rarement de façon décisive quant aux faits et gestes de Vatanen. Nous sommes donc loin du récit animalier qui met en scène un héros de plumes ou de poils. Le lièvre n'a à voir ni avec les personnages de Kipling, ni avec ceux de London, pas plus qu'avec la baleine blanche de Melville par exemple. On l'associerait davantage au corbeau d'Edgar Poe, à Gros-Câlin de Romain Gary ou encore au merle d'Arthur Keelt/Jean-Bernard Pouy, à tous ces animaux qui, par leur simple présence, obligent les personnages humains à repenser leur rapport au monde, à interroger leur conscience.

Complicité et mimétisme – Le lièvre est avant tout le protégé de Vatanen. Celui-ci s'en occupe, le soigne et le nourrit. Une complicité s'installe bientôt entre eux, qui témoigne de leur attachement réciproque. Leur relation reste donc de l'ordre de celle qui unit un maître à un animal familier, et le lièvre est parfois comparé à un petit chien :

> Le lièvre reniflait Vatanen avec un joyeux enthousiasme. Quand Vatanen le posa à terre, il resta dans ses jambes comme un jeune chiot.

Cette relation s'approfondit jusqu'au mimétisme, au diapason d'états d'esprit partagés :

Le lièvre se tenait à l'écart comme si lui aussi se sentait coupable.

[...] il fut encore assez cruel pour rire à voix haute de son horrible action. Et on aurait dit que le lièvre lui aussi riait.

Le lièvre circulait sans bruit dans la cabane. C'est ce qu'il faisait chaque fois qu'il voyait que son maître avait à réfléchir sérieusement.

Un sentiment filial – Enfin, l'allusion au *Cercle de craie caucasien*, la pièce de Bertolt Brecht (1898-1956), suggère que les liens qui unissent Vatanen au lièvre sont comparables à ceux que tisse une mère avec son enfant. Dans cette pièce, une mère biologique et une mère adoptive se disputent un fils. Vatanen, à qui le vétérinaire veut prendre le lièvre, songe que « la situation était celle de la vieille histoire du cercle de craie : les femmes s'arrachent l'enfant, celle qui tirera le plus brutalement gagnera, mais l'enfant est à celle qui abandonne ». Cette personnification reste cependant très discrète : elle n'excède jamais les limites de la psychologie du maître et de son animal, et les rares sentiments qui sont prêtés au lièvre sont parfaitement plausibles. Ainsi peut-on lire : « Pour finir, Vatanen lava le lièvre qui resta longtemps outré du procédé » ou encore : « Vatanen faisait la conversation au lièvre qui l'écoutait religieusement, sans rien comprendre. » Rien d'exceptionnel, donc, dans cette histoire entre un homme et son animal de compagnie.

Totem, talisman, mythe

Le lièvre donne pourtant son titre au roman (« l'année du lièvre », si l'on traduit le titre original mot à mot), ce qui semble lui attribuer un rôle déterminant dans le récit. Ainsi invoqué au seuil du livre, le lièvre s'en fait en quelque sorte la figure tutélaire, tel un totem. Peut-être est-il un des visages du destin : après tout, c'est en en prenant la responsabilité que Vatanen découvre un sens à sa vie. En lui se manifestent la liberté de Vatanen et l'accord retrouvé entre lui et le monde. L'animal acquiert donc la valeur d'un talisman. Vatanen est prêt à tout pour qu'on ne le lui enlève pas, et c'est en le serrant dans ses bras qu'il parvient à franchir le mur de sa prison. Au-delà de son existence *naturelle*, sur laquelle le narrateur insiste en décrivant son alimentation ou les maladies dont il peut être victime par exemple, le lièvre participe également de la magie du monde. Il prend ainsi une dimension mythologique compatible avec les souvenirs de lecture de l'auteur. Le lièvre apparaît effectivement dans le *Kalevala* où, Paasilinna s'en souvient sans doute, il lui incombe de prendre en charge un récit.

Au chant 4 du *Kalevala*, en effet, une jeune fille se noie pour échapper à un mariage qui la désespère. Il faut porter la mauvaise nouvelle à sa famille. L'ours, le loup, le renard s'étant désistés, le lièvre propose ses services (traduction de Gabriel Rebourcet, Gallimard) :

> **« Qui viendra porter la nouvelle,
> et la dira de langue agile
> au logis fameux de la fille,
> le manoir aux belles solives ?
>
> Le lièvre dira la nouvelle,
> la portera de langue agile !
> Et pour vrai le lièvre répond :
> « Gent de garenne est gent fidèle ! »
>
> Le lièvre part en course folle,
> longue oreille, il ricoche en terres,
> trôle et traille, le mollet torse,
> la bouche en croix s'en carapate
> au logis fameux de la fille,
> le manoir aux belles solives.
>
> Il débouche au seuil de l'étuve,
> s'accroupit sur le pas de l'huis :
> l'étuve est pleine de fillettes,
> le fassel en main lui répondent :
>
> « Bigleux, feras-tu la potée,
> seras-tu civet, lorgne-en-bille,
> dîner juteux pour le patron,
> franche lippée pour la patronne,

ou bien le goûter pour la fille,
le déjeuner pour le garçon ? »

[...]

« Je m'en viens porter la nouvelle
et la conter en langue agile :
la toute belle est naufragée,
gorge d'étain s'est abîmée,
chavirée, la boucle d'argent,
boucle de bronze a trépassé :
perdue au roulis de la mer,
sous la vague en houle profonde,
elle est la sœur des lavarets,
frère entre les poissons de l'eau. »

La mère pleure à grands sanglots,
l'eau ruisselle à son nid de larmes. »

L'itinéraire de Vatanen

Chapitres	Dates	Lieux	Rencontres
1.	Juin	Heinola	Le lièvre
2.		Un village	Le vétérinaire Mattila
3.		Heinola	
4.		Mikkeli	La bohémienne ; le garde-chasse Kärkkäinen
5. 6.	Mi-juin	Entre Kuopio et Nurmes	Les Laurila ; les policiers
7.		Cabane au bord d'un lac dans la forêt	Le commissaire ; Hannikainen
8.	Fin juillet	Rautavaara/incendie	Salosensaari ; le chauffeur de bulldozer
9.		Le marais	Irja
10.		Sonkajärvi	Le pasteur
11.	Fin juillet	Kuhmo / un petit village	Le mort (Heikkinen) et sa famille
12.	Fin juillet, début août	Rovaniemi	Kurko

13.		Posio	Le corbeau
14. 15. 16. 17.		Sodankylä; cabane des Gorges-Pantelantes dans la forêt de Sompio	Éleveurs de rennes; Kaartinen (le sacrificateur); armée et délégation étrangère
18.		Sodankylä; Helsinki	Vétérinaire; le professeur crasseux
19.	Après Noël	Turku	Leila
20.	Février	Karjalohja	Fêtards agressifs
21.	Printemps	Cabane des Gorges- Pantelantes	L'ours
22.		Traque jusqu'à la baie de Kandalaksa	
23.		Petrozavodsk; Leningrad (Saint-Pétersbourg)	Autorités soviétiques
24.	13 juin	Prison d'Helsinki	L'auteur

L'action du roman se déroule donc sur un an («l'année du lièvre»). Vatanen parcourt quelque quatre mille kilomètres, en voiture, en bus, à pied, en hélicoptère, en avion, en train, en fourgon cellulaire…

Groupement de textes : la traque

La traque à l'ours constitue une sorte de point d'orgue dans le récit (voir p. 217 de «Les provisions étaient épuisées…» à p. 218 «… caressa le lièvre qui reposait les yeux clos dans le sac»). Le rythme soutenu et la tension qui la caractérise donnent à cette partie du roman une forte valeur dramatique. Le récit de cette chasse n'est pas sans évoquer d'autres pages célèbres tant ce motif a pu être utilisé. La traque elle-même peut être envisagée comme une variation sur le thème de la Quête qui traverse toute la littérature, des origines à nos jours, passant par les chevaliers de la Table ronde ou *La Chasse au Snark* de Lewis Carroll (1832-1898), par exemple. Dans ces récits centrés sur la poursuite d'animaux sauvages, cette Quête prend une dimension d'épopée. L'action repose en effet nécessairement sur de hauts faits qui ont pratiquement valeur guerrière; elle suppose également un long déplacement, un voyage périlleux. Elle est toujours une méditation sur l'humanité de l'homme, sur sa place dans le

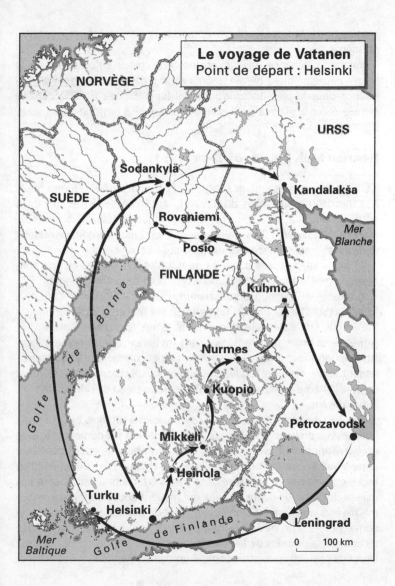

Le voyage de Vatanen
Point de départ : Helsinki

NORVÈGE

URSS

Sodankylä

Kandalakša

SUÈDE

Mer
Blanche

Rovaniemi

Posio

FINLANDE

Kuhmo

Golfe de Botnie

Nurmes

Kuopio

Mikkeli

Heinola

Petrozavodsk

Turku
Helsinki

Leningrad

Mer
Baltique

Golfe de Finlande

0   100 km

monde et sur la lutte qu'il entreprend avec l'animalité, voire contre lui-même.

Vatanen n'échappe pas à la règle : cette traque à l'ours dépasse la simple nécessité de se défaire d'un «voisin» dangereux; même la vengeance pour la blessure que l'animal lui a infligée dans la cabane semble céder la place à un besoin beaucoup plus profond de terrasser l'ennemi.

Herman Melville, *Moby Dick* (1851)

« Bientôt toutes les embarcations, sauf celle de Starbuck, furent mises à la mer ; toutes les voiles du navire furent hissées ; toutes les rames entrèrent en jeu et les baleinières, celle d'Achab en tête, filèrent rapidement du côté du vent. Une pâle lueur de mort luisait dans les yeux creux de Fédallah, une grimace hideuse tordait sa bouche.

Telles de silencieuses coquilles de nautiles, les légères étraves fendaient la mer, mais il leur fallut du temps pour atteindre l'ennemi.

À mesure qu'elles en approchaient, l'Océan se faisait encore plus lisse, il semblait avoir étendu un tapis sur ses vagues; il était comme un pré à midi, tant il s'étalait avec sérénité. Enfin, le chasseur haletant fut si près de la proie, apparemment sans méfiance, que sa bosse étincelante apparut tout entière, glissant sur la mer comme une île continuellement sertie dans un cercle tourbillonnant d'écume verte, très fine, comme laineuse… Achab put voir l'immense réseau de rides de la tête, là-bas devant.

Très loin devant elle, sur les eaux semblables à un tapis turc, tombait l'étincelante ombre blanche du grand front laiteux; et derrière elle, avec un bouillonnement grondant, les eaux d'un bleu mordoré coulaient dans le vallon ondulant de son sillage. De chaque côté s'élevaient des bulles étincelantes et dansantes, mais elles éclataient aussitôt, sous des milliers de pattes de beaux oiseaux qui rasaient doucement l'eau, entremêlant leur vol courbe. Semblable au mât de pavillon se dressant sur la coque peinte d'un navire, la hampe haute, mais brisée, d'une lance récente sortait du dos de la Baleine Blanche, et parfois un des oiseaux légers de l'essaim qui planait comme un dais sur l'animal se posait silencieusement sur cette perche et s'y balançait, les longues plumes de sa queue flottant comme des banderoles.

Une joie tranquille, la grande douceur du repos dans la vitesse, entourait la baleine nageant. Jupiter, taureau blanc fuyant à la nage avec Europe ravie accrochée à ses cornes gracieuses, regardant la jeune fille de côté avec ses beaux yeux, tout en filant avec une vitesse enchantée vers la couche nuptiale de Crète, ne surpassait pas en grande et suprême majesté la glorieuse Baleine Blanche nageant comme une divinité.

En harmonie avec la houle divisée de chaque côté d'elle, la baleine était tout charme et séduction. Il n'est pas étonnant que certains pêcheurs, ineffablement ravis et attirés par toute cette sérénité, se soient risqués à l'attaquer, pour vite découvrir fatalement que cette paix n'était que l'enveloppe d'ouragans.

Calme, néanmoins, d'un calme attirant, ô baleine, tu apparais devant les yeux de ceux qui te voient pour la première fois sur les flots, quel que soit le nombre d'hommes que tu aies déjà trompés et tués. **»**

Traduction L. Jacques, J. Smith, J. Giono, Folio n° 2852.

Cormac McCarthy, *Le Grand Passage* (1994)

« Le cheval s'arrêta et recula et frappa du pied. Il le retenait et lui tapotait l'encolure et lui parlait et surveillait la louve. Son cœur cognait au fond de sa poitrine comme une chose résolue à s'échapper. Elle était prise par le pied avant droit. La griffe s'était accrochée dans un chola à moins d'une centaine de pieds du foyer et elle y était coincée. Il flatta le cheval et lui parla et abaissa la main et ouvrit la boucle de la fonte de selle et dégagea le fusil et descendit et lâcha les rênes. La louve se baissa un peu. Comme si elle avait voulu se cacher ; puis elle se redressa et le regarda et regarda au loin vers les montagnes.

Quand il approcha, elle découvrit ses crocs mais sans grogner et sans poser sur lui le regard de ses yeux jaunes. L'os blanc était visible dans la plaie sanglante entre les mâchoires du piège. Il pouvait voir les allaites à travers le mince duvet du ventre et elle avait la queue rabattue entre les pattes de derrière et tirait sur le piège et se dressait.

Il fit quelques pas autour. Elle tourna et recula. Le soleil était déjà haut et la fourrure était d'un brun fauve virant au gris dans le soleil avec des touches plus pâles sur le col et une raie noire le long du dos et elle tournait et reculait de toute la longueur de la chaîne et ses flancs se contractaient et se gonflaient au rythme de sa respiration. Il s'accroupit et posa le fusil debout devant lui en gardant la poignée dans la main et resta ainsi un long moment à croupetons sur le sol.

Il n'était aucunement préparé à ce qui l'attendait. D'abord il ne s'était même pas demandé s'il aurait le temps de revenir à la ferme et de retourner avec son père avant que les vaqueros arrivent pour le déjeuner si jamais ils arrivaient. Il essaya de se rappeler ce que son père avait dit. Si elle avait une patte cassée ou si elle était prise par une patte. Il regarda la hauteur du soleil, puis du côté de la route. Quand il regarda de nouveau du côté de la louve, elle était couchée mais quand ses yeux se posèrent sur elle elle se releva. Le cheval immobile secoua la tête et le mors de bride tinta, mais elle ne prêtait aucune attention au cheval. Il se releva et monta et tourna le cheval et partit vers la route. À mi-chemin il s'arrêta et se retourna et regarda par-dessus son épaule. La louve l'observait comme avant. Il resta un long moment ainsi. Le soleil chaud sur son dos. Le monde en suspens. Puis il retourna auprès de la louve sans descendre de cheval. 》》

Traduction de F. Hirsch et P. Schaeffer, Éditions de l'Olivier.

Un moment décisif

Fin du voyage – Les trois extraits décrivent un moment capital de la traque : celui du face à face qui conclut la poursuite et permet le dénouement. L'espace d'un instant, « le monde » semble bien « en suspens » comme le note le narrateur du *Grand Passage*. Le temps qui s'était précipité dans la poursuite paraît tout à coup s'arrêter. Il y a dans ces trois extraits quelque chose qui ressemble au choc d'un parachute qui se déploie, coupant brutalement l'élan de la chute. L'espace qui jusqu'alors signifiait la séparation, le chasseur tâchant de rejoindre l'animal, offre maintenant la possibilité d'une rencontre. La course de l'ours est coupée par « la limite de la mer », la louve est prise au piège, la baleine localisée et rattrapée. L'action parvient donc à son terme, comme le train à son terminus : le voyage est fini, chasseurs et chassés s'immobilisent tout à coup et se font face. Les extraits insistent sur cette confrontation qui peut aussi faire penser aux scènes de duels des westerns : « L'ours se tourna vers Vatanen, féroce, hurlant de rage », trouve-t-on chez Paasilinna, tandis que Melville s'attarde sur « l'immense réseau de rides de la tête [de la baleine], là-bas devant » et que McCarthy écrit : « elle se redressa et le regarda ».

Dernier portrait – L'occasion est également fournie à chacun des narrateurs de décrire l'animal qu'on n'a pu qu'apercevoir auparavant, qui laissait des traces mais se dérobait toujours. Le portrait renforce la solennité de l'instant en suspendant l'action par la pause qu'il induit. On notera la différence qui oppose la description physique de la louve et de l'ours, s'attachant au corps des deux fauves, tandis que la baleine est évoquée par l'impression de calme et de sérénité qu'elle dégage : « Une joie tranquille, la grande douceur du repos dans la vitesse, entourait la baleine nageant » d'un côté ; de l'autre : « le collier blanc étincela au soleil sur la fourrure sombre » et « la fourrure était d'un brun fauve virant au gris dans le soleil avec des touches plus pâles sur le col et une raie noire le long du dos ». Les crocs de la louve et le hurlement de rage de l'ours trahissent leur désarroi ; la placidité de Moby Dick est de moins bon aloi pour les baleiniers…

L'instant de vérité

Face à la mort – L'intensité dramatique des trois scènes tient surtout au caractère inéluctable de la mort qui en émane. Le dénouement est proche, et il signifie nécessairement la disparition du gibier sous les coups du chasseur, ou du chasseur vaincu par la bête. La mort est tapie dans la baleine : « Calme, néanmoins, d'un calme attirant, ô baleine, tu apparais devant les yeux de ceux qui te voient pour la première fois sur les flots, quel que soit le nombre d'hommes que tu aies déjà trompés et tués. » Elle est également évoquée pour l'ours qui s'apprête à livrer « la dernière bataille du terrible voyage ». La louve jette un dernier regard « au loin vers les montagnes ». La suite de chacun des trois récits va cependant permettre des dénouements différents qui sont autant de solutions à ce type de nouement : l'ours, on s'en souvient, est abattu par

Vatanen, mais la louve est capturée puis apprivoisée, tandis que c'est la baleine qui prend le dessus sur les hommes et les extermine tous.

Mais qu'ils soient gagnants ou perdants, les hommes vivent le même bouleversement intérieur. Le duel, où l'on ne s'en remet plus qu'au déchaînement de la force brutale, est une mise à l'épreuve qui engage totalement ses protagonistes. La tentation de la fuite est sensible chez le personnage de McCarthy qui semble pris au dépourvu : « Il n'était aucunement préparé à ce qui l'attendait. » Et les marins de *Moby Dick* sont bien près de s'abandonner comme tant d'autres : « [...] la baleine était tout charme et séduction. Il n'est pas étonnant que certains pêcheurs, ineffablement ravis et attirés par toute cette sérénité, se soient risqués à l'attaquer, pour vite découvrir fatalement que cette paix n'était que l'enveloppe d'ouragans. » Quant à Vatanen, « il pleurait ; il ne savait pas pourquoi, mais les larmes coulaient ».

Une communion brutale – Que pleure au juste Vatanen ? Une explication psychologique conclurait au soulagement des nerfs mis à rude épreuve par la traque. Mais ces larmes sont peut-être aussi l'indice de l'épouvante qui s'empare des hommes lorsqu'ils frôlent le mystère de la violence originelle réveillée par la chasse. La mise à mort réalise un sacrifice ; elle porte donc un caractère sacré et participe du divin qu'elle dévoile, la comparaison de la baleine avec Jupiter en témoigne. On sent bien que tous les motifs rationnels qui ont pu lancer Vatanen sur les traces de l'ours se sont depuis longtemps évanouis au profit d'une exigence dont il semble n'être plus que le jouet. Dans la traque, Vatanen va au-delà de lui-même et accomplit un rite qui lui redonne le sentiment d'une présence pleine et entière. Il s'agit pour lui d'une communion sauvage avec la nature : « Vatanen rampa jusqu'à l'ours, lui ouvrit la gorge, laissant échapper un sang noir et coagulé ; Vatanen en but deux goulées dans le creux de sa main. » Il a alors obéi à l'injonction qui concluait le chapitre 21 : « Les doux poils blancs du museau du lièvre frémissaient d'ardeur, il semblait être du même avis : il faut le tuer ! Le lièvre a soif du sang de l'ours ! »

à vous...

1 – Écriture d'invention : le récit de voyage.
Procurez-vous la carte d'un pays lointain et étudiez rapidement sa géographie (altitude, relief, végétation, fleuves, lacs, habitat humain...). Imaginez un itinéraire sur cette carte et racontez le voyage qui mène du point de départ à l'arrivée. Vous pouvez aussi vous restreindre à une étape particulièrement mouvementée.
Variante : dans un atlas ou une encyclopédie, piochez au hasard les noms de deux localités, puis reportez-vous aux cartes correspondantes. Imaginez ensuite le voyage de l'une à l'autre.
Vous pouvez adopter la forme du récit ou du journal de bord.

2 – Recherches documentaires, exposé, exposition : la Finlande, la Laponie.

3 – Dissertation – Quelles réflexions vous inspirent ces propos de Bernard Quiriny : «L'étrange littérature d'Arto Paasilinna révèle un insaisissable malaise, où se mêlent la fascination de la destruction et l'étonnement toujours renouvelé devant l'imprévisibilité de la comédie humaine.»?

Annexes

De vous à nous

Arrêt sur lecture 1 (p. 63-66)

1 – L'incipit de *La Douce Empoisonneuse*

La situation exposée dans l'incipit de ce roman mélange deux temporalités différentes. D'un côté, le moment de l'action nous montre la colonelle Linnea Ravaska chez elle, un jour où elle a encaissé sa pension. Quelques menues actions émaillent le récit de cette journée : elle est allée «le matin même toucher sa pension au Crédit mutuel de Harmisto». Elle arrose des fleurs, s'occupe du sauna, s'assoit, retourne au sauna. Elle semble préoccupée. Tout ceci constitue une scène.

L'autre temporalité inscrit cette journée dans un cycle infernal. On passe donc du singulatif à l'itératif : «Chaque fois qu'elle encaissait son dû, de détestables visiteurs venus de la capitale s'invitaient sous son toit. »

L'incipit revient enfin sur l'existence entière du personnage, évoquant sa naissance en 1910, son mariage, le décès de son mari en 1952, toute son existence avant et après ce décès : «Jamais ses mains n'avaient trimé aux champs, fait les moissons ou trait les pis de dizaines de vaches dans les étables de riches domaines. » Il s'agit bien d'un sommaire.

Le lecteur est donc placé face à une situation de crise imminente. Il attend la visite annoncée et perçoit d'ores et déjà que celle-ci va déclencher une réaction de la veuve. Le titre du roman suggère que cette fois, la colonelle ne se laissera pas faire, qu'elle pourrait bien passer à l'action et tâcher de se débarrasser des importuns, ce que confirment les phrases suivantes : «Ses yeux se durcirent pourtant, étincelant d'une haine farouche. La queue du chat se hérissa – lui aussi guettait la route. »

Le dispositif est donc comparable à celui du *Lièvre de Vatanen* : un moment de crise va pousser le personnage à modifier le cours de sa vie.

2 – Le portrait du garde-chasse Kärkkäinen

Kärkkäinen est un homme plutôt sympathique : il cherche sincèrement à aider Vatanen en lui faisant part de sa connaissance de la nature. Il apparaît donc plutôt comme un adjuvant dans l'ordre du récit. Il est ainsi présenté positivement ; la poignée de main entre les deux hommes est chaleureuse. Certains détails cependant contribuent à le ridiculiser un peu, car ils l'infantilisent. Le garde-chasse dessine en effet comme un enfant (il emprunte « les aquarelles du petit »), refuse que Vatanen regarde le dessin avant qu'il ne soit terminé. On l'imagine tirant la langue dans son application. Ce côté puéril du personnage contraste évidemment avec l'autorité dont il est investi par ses fonctions qui lui permettent notamment de délivrer une autorisation officielle, rédigée dans le plus pur style administratif. On rapprochera utilement ce personnage des militaires russes qui « capturent » Vatanen à la fin du récit : même conformité à la loi, mais même distance amusée.

3 – Vers la dissertation : conseils

Le terme « s'améliorer » évoque plutôt des progrès moraux : l'idée d'une amélioration des compétences de lecteur (enrichissement du vocabulaire, de la culture générale, etc.) risque de vous emmener vers le hors sujet. Pensez plutôt à ce que les récits d'expériences bonnes ou mauvaises, les portraits de personnages pervers ou angéliques peuvent suggérer au lecteur quant à ses propres valeurs et comportements.

Arrêt sur lecture 2 (p. 165-166)

1 – Vatanen / Robinson

La « philosophie » de Robinson, fortement teintée de religion, lui permet d'envisager sa vie de naufragé avec sérénité, ce qui nous pousse à le rapprocher de Vatanen, puisque lui aussi n'est jamais aussi bien que lorsqu'il est seul. Les deux hommes se « félicitent » également de se tenir à distance « des vices du siècle » que Vatanen évoque au chapitre 2 : Vatanen et Robinson portent sur la société qu'ils ont quittée le même regard désapprobateur.

Ils savent pareillement se contenter de ce qu'ils ont à leur disposition, ont fait du bricolage un art de vivre et délaissent les richesses convoitées par les autres hommes pour se contenter du nécessaire : « J'ai déjà fait mention d'une somme, tant en or qu'en argent, qui montait à peu près à trente-six livres sterling. C'était à mes yeux quelque chose de moins précieux que la boue », déclare Robinson, alors qu'on a vu Vatanen vendre son voilier sans remords à un ami qui n'en revient pas (chapitre 3).

Ce rapport à la richesse induit chez l'un et l'autre un sentiment altruiste qui les pousse à « exercer la libéralité envers les autres ». Le partage, l'entraide, la solidarité représentent des valeurs qui leur sont communes. Ce trait de caractère est en effet décelable chez Vatanen, lorsqu'il s'arrange pour jouer les deux cents marks que lui a remis le fonctionnaire du ministère des Affaires étrangères, au chapitre 17 : « Vatanen posa les deux cents marks sur le tapis, expliqua d'où venait l'argent, et toute la chambrée entama une partie de poker. »

Cependant, une certaine vanité se manifeste chez Robinson qui prend plaisir à s'imaginer en monarque absolu de son royaume désert : « J'étais le seigneur du lieu ; je pouvais même, si bon me semblait, me donner le titre de roi ou d'empereur de mon île, car tout était soumis à ma puissance. J'y exerçais un empire despotique, et aucun rival ne m'y disputait la souveraineté. » Un tel orgueil est peu compatible avec le portrait de Vatanen.

Arrêt sur lecture 3 (p. 236-237)

1 – Lecture analytique : la visite de l'ours, chapitre 21

L'auteur utilise les deux comparaisons suivantes : « C'était comme une horrible machine à nettoyer ; on aurait dit un gnome qui aurait trouvé une poupée et n'aurait pas très bien su qu'en faire. » Elles insistent sur l'aspect fantastique de l'animal qu'elles décrivent comme une mécanique dotée d'une volonté propre et comme un personnage de conte. La seconde comparaison a également tendance à humaniser l'ours (le gnome est plus proche de l'homme que de l'animal), ce que corrobore l'ensemble du passage. L'ours est en effet souvent considéré comme une espèce d'homme des bois. Dans cet extrait, il examine curieusement, cherche à comprendre, explore, fait preuve de « prudence et curiosité », il fait une « expérience ».

La tension de la scène est rendue sensible par la lenteur de l'action, maintes fois suspendue par des gestes très lents, par l'attitude du lièvre qui contraste avec celle de Vatanen (l'un s'agite, l'autre reste impassible), par l'ignorance dans laquelle est l'ours de la présence de Vatanen tout en progressant vers lui : « La tête gigantesque de l'ours avançait sur le sol au rythme de ses coups de langue vers le pied du lit de Vatanen […]. » Le sort du flacon de sauce tomate n'est pas sans évoquer le risque que court Vatanen, le lecteur transposant mentalement les images, imaginant le sang sur les murs à partir de la sauce que le fauve fait « gicler tout autour de la cabane ». Enfin, la tension naît aussi du fait que l'action se déroule en huis clos, à l'intérieur de la cabane qu'on imagine petite et disproportionnée par rapport à la puissance de l'ours. Les passages où l'on débusque l'ours en pleine forêt n'ont pas la même puissance.

2 – Enquête sur le contexte historique : compléments

Les rapports entre la Finlande et l'ex-URSS ne sont compréhensibles que si l'on se souvient que la Finlande a longtemps été un territoire que se sont disputé les deux géants entre lesquels elle est « coincée » : la Suède à l'ouest, la Russie à l'est, et que les Finlandais ont pu profiter de la Révolution de 1917 pour obtenir leur indépendance, sans toutefois réussir à se débarrasser totalement de l'influence soviétique par la suite. On a parlé à l'époque de « finlandisation » pour désigner les limitations imposées par un État puissant à la souveraineté d'un voisin plus faible. L'action du *Lièvre de Vatanen* se situe à un moment où les rapports entre les deux États sont plutôt conflictuels, avant que l'URSS ne se disloque et que Leningrad, par où transite Vatanen, ne redevienne Saint-Pétersbourg.

3 – Vatanen et le chien Buck de *L'Appel de la forêt* de Jack London

Certes, Vatanen est un homme, et Buck un chien. L'instinct du second est donc nécessairement plus développé que celui du premier, même s'il en est fait mention au chapitre 3 : « ces quelques jours de liberté avaient aiguisé son instinct ». « Le souvenir de l'Homme aux longs bras, couvert de poils » n'est donc pas forcément accessible pour la mémoire de Vatanen, alors qu'il s'agite dans celle du chien. Pourtant, c'est bien quelque chose de primitif qui semble se libérer en Vatanen lorsqu'il ouvre la gorge de l'ours : peut-être n'est-il pas très loin alors de l'homme des cavernes dont se « souvient » Buck. Tous les deux, en tout cas, entendent « l'appel de la forêt » et ont besoin de quitter la compagnie des hommes pour parcourir les bois. Difficile de ne pas reconnaître dans ces phrases du *Lièvre de Vatanen* : « Un croissant de lune s'était levé dans le ciel, les étoiles luisaient faiblement dans le soir glacé. Il avait son propre monde, ici ; il pouvait y vivre en paix. Le lièvre sautillait silencieusement sur la piste, précédant le skieur comme un guide » l'écho de celles de Jack London : « Mais, par-dessus tout, il se plaisait à courir ainsi dans la pénombre odorante des nuits d'été, alors que la forêt murmure dans son sommeil, et que ce qu'elle dit est clair comme une parole articulée. »

Bibliographie

Œuvres d'Arto Paasilinna

Le Meunier hurlant, Denoël, 1991, réédition Folio n° 2562, 1994.
Le Fils du dieu de l'Orage, Denoël, 1993, réédition Folio n° 2771, 1995.
La Forêt des renards pendus, Denoël, 1994, réédition Folio n° 2869, 1996.
Prisonniers du paradis, Denoël, 1996, réédition Folio n° 3084, 1998.
La Cavale du géomètre, Denoël, 1998, réédition Folio n° 3393, 2000.
La Douce Empoisonneuse, Denoël, 2001, réédition Folio n° 3830, 2003.
Petits Suicides entre amis, Denoël, 2003.

Littérature finnoise d'hier et d'aujourd'hui

Bo Carpelan, *Axel*, Gallimard, collection « Du monde entier », 1990 (journal intime dans lequel l'auteur raconte la vie de son grand-oncle, intime du musicien Jean Sibelius).
Aleksis Kivi, *Les Sept Frères*, 1870, traduction Jean-Louis Perret, Stock (l'histoire de sept frères, orphelins de père, tué par un ours...).
Rosa Liksom, *Noirs Paradis*, Le Serpent à plumes, collection « Motifs », 2001 (quarante nouvelles incisives sur la Finlande, ses coutumes, ses duretés, ses habitants).
Elias Lönnrot, *Kalevala*, traduction de Gabriel Rebourcet, Gallimard (la plus grande épopée finnoise jamais écrite).
Frans Emil Sillanpää (prix Nobel de littérature), *Sainte Misère*, Éditions Rombaldi, 1969 (un roman sur la guerre civile qui déchire la Finlande dans les années 1910, jusqu'à l'accession du pays à l'indépendance en 1917).
Frans Emil Sillanpää, *Silja ou Une brève destinée*, 1939, P.U.F. (l'histoire du destin d'une jeune fille).
Henrik Tikkanen, *Le Héros oublié*, Gaïa, 2002 (un soldat, perdu entre la Finlande et l'URSS, poursuit pendant trente ans une guerre sans savoir que celle-ci est terminée).
Märta Tikkanen, *Chaperon rouge*, 1999 (le célèbre conte revu en autobiographie).
Mika Waltari, *Sinouhé l'Égyptien*, 1945, Folio n° 1297 et 1298 (les mémoires d'un médecin vers l'an 1350 av. J.-C.).
Kjell Westö, *Le Malheur d'être un Skrake*, Gaïa, 2003 (l'histoire d'une famille dans le Helsinki d'aujourd'hui).

TABLE DES MATIÈRES

Dans la même collection

Pour plus d'informations :
http://www.gallimard.fr
ou
La bibliothèque Gallimard
5, rue Sébastien-Bottin — 75328 Paris Cedex 07

Pour plus d'informations :
http://www.gallimard...
La bibliothèque gallimard